うれしい ありがとう
教えてくれて ありがとうございます
メール ありがとう
さんきゅ〜
そうですか! ありがとう ございます
「ありがとう」は 言いすぎて悪いことはナシ
社内の困ったさんの 賢い対処法
No!
姑の小言は うまく受け流すべし
私、用事を 思い出したわ
それで?
そうなの よー
ええ!? ほん
と?
ササッ
ごめんなさい
…ナンチャッテ
…うそだよ〜ん
…ジョーダン ジョーダン
友人を傷つけてしまったら まずは「ごめんなさい」

人に好かれる話し方 Contents

次は
○○さんの
当番ですよ

どれだけ
実践していますか？

今のあなたの好感度を診断！

人生がうまくいく 話し方、人づき合いの20のコツ

話し方ひとつ、行動ひとつで、人生は良い方にも、悪い方にも転がります。
今よりもっと人生がうまくいくように、好感を持たれる振る舞いを身に付けましょう。
ここではまず、あなたの現在の好感度をチェック。20のケースに、○×で答えて下さい。
あなたはいくつ、○がつきましたか？

Case.2

2

初対面の人とも会話が盛り上がるように、常に情報はチェックしている。

×だった人は…
P16へ

1

Case.1

近所の人と道端で会った時、会社に出社した時、友達と待ち合わせして会った時、いつもあいさつするのは自分からだ。

×だった人は…
→P12、P62へ

Case.4

食事をご馳走になったら、当日にお礼のメールを送るだけでなく、次に会った時にもお礼を言っている。

×だった人は…
P20へ

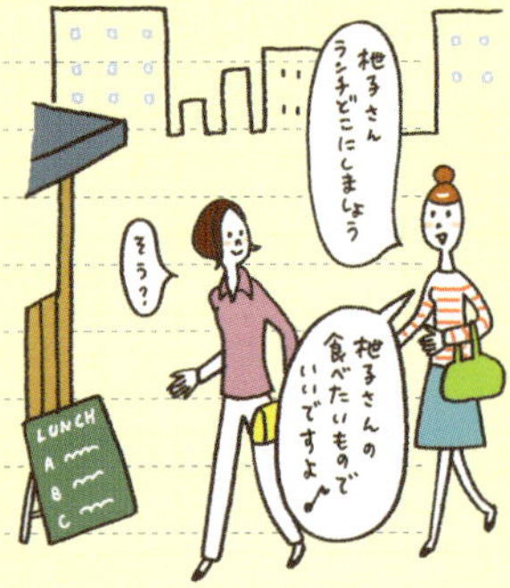

3

4

Case.3

ある程度親しくなった人には、断りを入れたうえで、「○子さん」と名前で呼ぶようにしている。

×だった人は…
P18へ

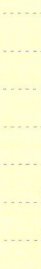

5

Case.5

友達が
素敵なものを身につけていたら、
ためらうことなくほめている。

×だった人は…
P22へ

Case.6

上司から頼まれた仕事をすませて提出したら、
「仕事が遅い!」と叱責を受けた。
でも、「次は結果を出します」と
笑顔で言うようにしている。

×だった人は…→
P42へ

6

7

Case.7

同僚に気分を害され、
意見したい時は、会議室へ
行くようにしている。

×だった人は…→
P44へ

Case.8

上司に意見を聞いてもらいたい時は、
あくまで“意見をうかがう”という
スタンスで接している。

×だった人は…
P48へ

8

Case.9

相手を傷つけてしまった!
と気づいた時は、
すぐに謝る。

9

×だった人は…
P52へ

Case.10

敬語を無理なく
使えている。

10

×だった人は…
P54へ

11

Case.11

引っ越しをする時、
これまでお世話になった近所の人、
新居先の近所の人、
双方にあいさつをしている。

×だった人は…
P66へ

12

Case.12

犬や猫など、
ペットを飼う時は、事前に周りの住人に
アナウンスをしている。

×だった人は…
P68へ

13

Case.13

噂話をしている集団とは
かかわらないようにしている。

×だった人は…
P70へ

14

Case.14

仕事の基本、
「ほう・れん・そう」を知っていて、
きちんと守っている。

×だった人は…
P90へ

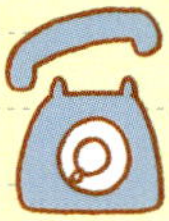

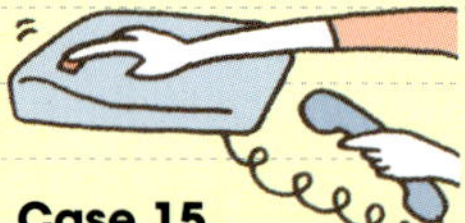

15

Case.15

取引先に電話をした時、
相手が電話を切るのを確認してから、
受話器を置いている。

×だった人は…
→P92へ

16

Case.16

お客様を部屋へ案内する時は、
先に立って案内している。

×だった人は…
→P94へ

17

Case.17

旦那の実家から自宅へ戻ったら、
必ず電話を入れている。

×だった人は…
P105へ

Case.18

姑の作る料理の味付けが濃くて、
口に合わないが「おいしいです」と
笑顔で伝えている。

×だった人は…
P108へ

18

Case.19

子供の運動会や
学芸会などのイベント時は、
いつも祖父母に声をかけている。

19

×だった人は…
P110へ

Case.20

合コンでは
みんなの話を引き出すようにして、
盛り上げるようにしている。

20

×だった人は…
P118へ

好感度診断結果

好感度95%

○が18～20個だった人

グレイト！ 誰もが認める人気者！

あなたは大人としてのマナーを身につけた人。どんな場でもその気持ちのよい態度は自然と人の心を和ませているはず。しかし、まだ向上の余地はあり。初心に戻って本書を読んで。意外と知らない情報が満載です

好感度70%

○が13～17個だった人

もうひと息！ バラ色の人生は目の前

ある程度のマナーは身についているものの、肝心なところでうっかり、なんてことはありませんか？ うっかりをうっかりで終わらせないで。○がつかなかった項目のページを読んで、さらなる好感度アップを

好感度50%

○が7～12個だった人

まだまだ！ もうワンステップ上を目指そう

本当は実践できるのに、その日の気分で、実践したり、しなかったり…そんな気まぐれが多いのでは？ それでは人生、ソンしています。○の有無にかかわらず、改めて、大人のマナーを復習してみましょう

好感度30%

○が6個以下だった人

伸びしろが大きいと思って成長あるのみ！

人生は山あり、谷ありとはよく言いますが、相手に好感を持たれる話し方や振る舞いを身につけることで、人生の山はしばらく続くかもしれません。ぜひ本書を参考に、楽しみながら実践し、成長していきましょう

言葉遣いひとつで
人間関係はうまくいく！

第一章 話し方編

言葉の使い方ひとつで、人間関係はよくなったり、悪くなったりもします。
例えば、「今日のお洋服は素敵ね」と言うのと
「今日のお洋服も素敵ね」と言うのでは、あなたなら、どちらが嬉しいですか？
前者は「いつもはダメなのね」とがっかりしますよね。
後者なら「いつも素敵と思ってくれているのね」と嬉しいはずです。
「は」と「も」、たった一字の違いですが、この気遣いこそが
人間関係がうまくいくポイントでもあるのです。

本題に入る前に
「お願いしたいことが
あるのですが…」

「へぇ、すごいですね！」
相づちの後はひと言添える

「今日の洋服は素敵ね」
ではなく
「今日の洋服も素敵ね」

依頼する時は、最後に必ず
「～よろしくお願いします」

第一節

好感を持たれる話し方

基本のあいさつ、初対面の人との会話など何事も〝はじめが肝心〟です。

第二節

言いにくい気持ちの上手な伝え方

怒りや苦情など、言いにくいことを言わなくてはいけない場面でもスマートに。

美しい話し方.1～声の出し方のコツ～

口角を上げて話す

声が相手に与える印象はとても重要です。発声の仕方によって声が聞きやすかったり、逆に聞きづらかったりします。相手によい印象を与え、聞き取りやすく話すためにも、できるだけ“よい声”を出す練習をしてみましょう。そのポイントのひとつが、口角を上げて（笑顔の状態）で話すことです。こうすることで、自分が持っている一番感じのよい声を出すことができます。また、口角を上げるだけで自然と笑顔になるので、表情も明るくなり、一石二鳥です。

アクセントや語尾に気を配る

アクセントをつけて話をすると、声に表情が生まれてくるだけでなく、とても聞きやすく、相手に伝わりやすくなります。ただし、あまり強弱がつきすぎると、耳触りになることもありますので、話の中の大切な部分をほどよく強調するようにするといいでしょう。また、語尾に表れる高さにも気をつけてみて下さい。話す時の声の上がり、下がりを気にすることによって、省略されている言葉を補う力や、使っている言葉以上の内容を伝えることができます。

“スピード”と“間”を大切に

初対面の人と話したり、大勢の人の前で話したりする時など、特に緊張する場面では、知らず知らずのうちに早口になっていることがあります。早口は聞きづらいだけでなく、せっかちな印象を与えてしまうことも。そうならないために、話すスピードに気をつけて、言葉の間を意識して話すようにしましょう。また、自分の声を録音して聞いてみるのもおすすめです。自分の話し方のクセ、声のトーンなど、直したほうがよい点に気づくことができます。

第一節

好感を持たれる話し方

人と人とのかかわり合いに欠かせない会話。
自分の気持ちを伝え、相手の気持ちを知るためには
常に相手の立場に立った気遣いが大切です。
誰とでも打ち解けられるような
会話の基礎をまずは身につけましょう。

Chapter1

コミュニケーションの第一歩

会話の“きっかけ”作り

Chapter2

お互いをもっとよく知るために

自分の気持ちをスマートに伝える

Chapter3

円滑な人間関係を築くために

上手な受け答えのコツ

Chapter1

コミュニケーションの第一歩

会話の〝きっかけ〟作り

人との出会いは一期一会。せっかくの出会いをステキなものにするためにも積極的にコミュニケーションを取って、良好な関係を築いていきましょう。

Chapter1

1 あいさつの基本

コミュニケーションの核であり、最も大切な基本の会話はあいさつです。初めての出会い、一日の始まり、そして一日の終わりにきちんとあいさつのできるステキな人を目指しましょう。

明るい声と笑顔で好印象を

同じ「おはようございます」でも、声をかける人の表情や態度で受け取る印象は変わるもの。相手の目を見て、明るい声と笑顔でのあいさつを心がけましょう

自分から声をかける

あいさつは受け身ではいけません。言われるよりも前に、自分から声をかけてみて下さい。特に、目上の人には目下から先にあいさつするのがマナーです

出会ったら…

いつでも、どこでも

あいさつは「いつでも、どこでも」変わらずにすることが大切。よい人間関係を築くうえでも、常に声をかける習慣を身につけたいものです

ひと言プラスする

単にあいさつするだけでなく、「おはよう、今日は暑いですね」、「こんにちは、お子さんはお元気？」など、ひと言加えるだけで関係が近づきます

状況を見極める

あいさつする時、その場の状況を見極めることも重要。相手が誰かと一緒だった場合は軽い会釈ですませたり、声をかけても長話はしないように

Column

好感を持たれる
＋αの言葉と行動 1

その日の感想を伝える

その日経験した楽しかったことや嬉しかったことなど、感想を具体的に伝えると好印象。「あんなにおいしいパスタは初めてでした！」、「とても素敵なお店でしたね。また行きたいです」など、ひと言添えましょう。

お客様を見送る時は…

自宅やオフィスなどから訪問者を見送る際には、ドアを閉める音や鍵をかける音が露骨に聞こえないようにしたいもの。気持ちよく帰っていただくための気遣いも忘れずに。

電話を切る時は…

電話での会話が終わった時、切るタイミングに注意します。相手が電話を切ったのを確認してから、静かに電話を切るようにしましょう。

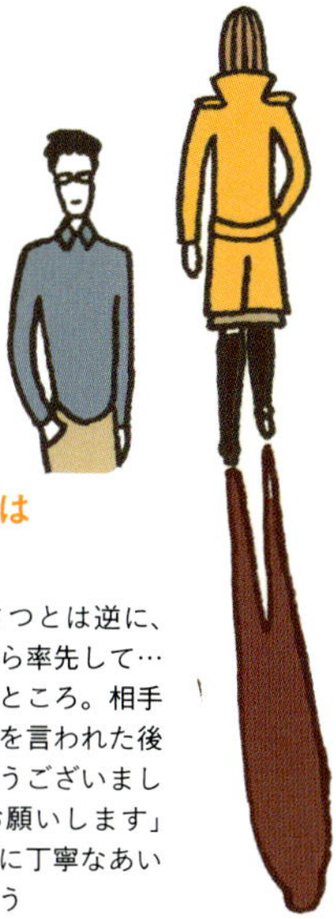

別れのあいさつは相手から

出会った時のあいさつとは逆に、お別れの時は自分から率先して…というのは避けたいところ。相手から別れのあいさつを言われた後に「今日はありがとうございました。またよろしくお願いします」など、お辞儀とともに丁寧なあいさつを心がけましょう

別れる時は…

「さようなら」には名残惜しさを

お別れの際、あっさり「さようなら」と言うのではなく、「近々また会えますか？」、「また電話しますね」など、名残惜しい気持ちを含ませるのもいいでしょう

Chapter1 2

初対面の人との会話を楽しむ

プライベートでもビジネスでも、第一印象はとても大切です。第一印象によって相手の対応もおのずと変わってくるので、話し方だけでなく振る舞いにも気を配りましょう。

プライベートでは…

自慢話は禁物

自己PRは大切ですが、自慢話はほどほどに。また、親近感を持ってもらうためにも、初対面の場では相手の話題を引き出し、相手を中心に会話を進めるぐらいの気持ちが大切です

明るく元気よく

プライベートでもビジネスでも、最初のあいさつはやはり、基本である“明るい声と笑顔で元気よく、自分から声をかける”ことを実践しましょう。その時、言葉遣いがいくら丁寧でも、表情や態度が伴っていなければ相手に誠意が伝わらないので気をつけましょう。その逆もしかりです

相づちの打ち方にも工夫を

あまり興味のない話でも、会話を終わらせないために相づちは必須。ただ、「へぇ」とか「そうなんですか」だけでは物足りません。「そうなんですか。知らなかった！」、「うわぁ、すごいですね！」など、二つの相づちを組み合わせてみると場が盛り上がります

美しい姿勢で

背筋はピンと伸ばし、美しい姿勢を保ちましょう。ついついやってしまいがちなのが、腕組みや足組み。ビジネスではもちろんですが、プライベートでも気を抜かないようにしましょう

ビジネスでは…

第一印象が肝心

初対面での第一印象は印象に残りやすく、その後の関係を左右することにもなりかねません。仕事を発展させるためにも、言葉遣いや態度だけでなく、清潔感のある服装や髪形など、見た目にも気を使いましょう

マナー重視であいさつを

初対面のあいさつはプライベートでもビジネスでも大切なことに変わりありません。あくまでも明るく、元気よく、丁寧に。ビジネスの場面では言葉遣い、態度まで見られています。マナーには気をつけましょう

相手のことを知っておく

会話をふくらませるためにも、相手の会社概要や、好きなものなど事前に情報をリサーチしておくと、よりスムーズに会話を進められます

仕事以外の話題を

関係を深めるためにも、仕事とは直接関係がなくても、相手に関心があることが伝わるような、ちょっとした質問をするのもおすすめです

Column

好感を持たれる ＋αの言葉と行動 2

相手に配慮したスマートな誘い方

知り合ったばかりの人ともっと仲良くなりたいと思ったら、どこかへ誘いたくなりますよね。誘う場合は、相手に配慮した誘い方をしたいものです。まず、行くことを前提にした誘い方はマナー違反。「もしよかったら…」など、相手に断る余裕を与えるようなひと言を添えましょう。また、「今度、食事でも」など、社交辞令的な約束は多いものですが、そんな時は、「来週の空いている日を教えてもらえますか？」など、やや強引に聞いてみるのもひとつの手。相手に気持ち良くOKしてもらえるような誘い方を身につけましょう。

Chapter1

3 話題作りと選び方

初めてお会いした方や普段あまりつき合いのない方との雑談では、会話が途切れてしまいがち。そんな時に重苦しい空気を作らないためにも、日ごろから話題の引き出しは増やしておきたいものです。

話題の情報源

家族・友人

家族や友人との会話にも話のネタはたくさんあります。幅広い年齢層の人との会話は役立つことも多いので、人の話はよく聞いておくといいですね

テレビ・新聞

話題作りのためでなくても、テレビや新聞で報道されている最低限の時事ネタは大人として頭に入れておきましょう。ニュース番組の他、バラエティ番組やドラマなど、人気の番組にも話のネタはたくさんあります

雑誌

相手が女性なら、ファッション雑誌に掲載されている最新のファッション・美容情報なども拾っておくと便利です。カルチャー系雑誌や週刊誌なども、時流を知っておくという意味でチェックしておく価値があります

Check!

話題に困った時のキドニタテカケシ衣食住

初対面の方や出会って間もない間柄など、話題に詰まってしまうこともしばしば。そんな時は〝キドニタテカケシ衣食住〟が便利です。

タ

旅

ニ

ニュース（社会情勢）

ド

道楽（趣味）

キ

季節

定番の質問

Qどちらのご出身ですか？

出身地を聞いてみるのは常とう手段。その地の名所や名産品を聞いてみたり、旅行へ行ったことがあるなら、その時の経験などを加えると話が広がります

Q趣味は何ですか？

一般的に最も会話が盛り上がるのが趣味の話題。話の幅を広げるためにも、映画やスポーツ、旅行など、幅広いジャンルにわたって日ごろから情報収集しておきましょう

Qどちらにお住まいですか？

住んでいる場所を聞いてみると、「お近くですね」とか「自然もあって環境がいいところですね」など、会話をつなげることができます。ただし、時と場合、相手との関係性によっては、住んでいる場所を聞かれるのを嫌がる人もいるので状況を見たうえで質問を

衣住食

衣・食・住

シ

仕事

ケ

健康

カ

家庭

テ

テレビ

Chapter1

4 打ち解けるきっかけ作り

初めての職場や初めてのカルチャースクールなど、初めての環境へ最初に飛び込んだ時は、知らない人ばかりで不安も大きい。ちょっとした勇気と気遣いで、仲間とのいい関係を一日も早く作りましょう。

Point1

呼び方は親しみを込めて

周囲の人たちが呼び合っているものに合わせれば問題はないでしょう。「○子さん」など、名前で呼ぶと親近感が増します。ただし、まずは相手に「どのようにお呼びしたらいいかしら」、「○子さんと呼んでもいいかしら」など許可を得ることが大切です

Point2

好みや趣味を否定しない

相手の好みや趣味を否定してはいけません。例えば、「へぇ、○子さんってダイビングするんですか。私は海が嫌いなんです」などと言ってしまうと、会話はそこで終わってしまいますし、相手に不快な思いをさせてしまいます。まずは肯定して話を広げましょう

Check!

親しき仲にも礼儀あり こんな質問はNG！

いくら仲良くなったからといって、また、仲良くなりたいからといって、あまりにもプライベートすぎる質問や答えにくい質問は避けましょう。デリカシーのない質問は相手との関係を壊しかねません。

未婚の女性に… ←

「結婚の予定はあるの？」
「なぜ結婚しないの？」

離婚した女性に… ←

「理由は何だったんですか？」
「結婚生活は何年だったんですか？」

●答えやすい聞き方

例えば住んでいる場所を聞く場合、「どちらにお住まいなのですか？」ではなく、「お住まいは東京ですか？」と「はい」か「いいえ」で答えられる聞き方がベター

●質問の仕方

打ち解けたいからといって矢継ぎ早に質問をするのはNG。自分の話を交えつつ質問を。また「お聞きしてもよろしいですか？」など前置きをすると相手は答えやすいです

●気をつけるべき点

興味のない異性に対しては質問の仕方に注意します。相手のことを聞き過ぎてしまったり、必要以上に詮索すると特別な感情を持っているのでは、と誤解されてしまいます

Point3

プライベートな質問をしてみる

例えば女性同士なら、結婚や育児、恋愛など共通の話題を見つけやすいもの。ビジネスでは基本的に個人的な質問は避けたほうが無難ですが、プライベートでは関係を深めるうえでいい話題のはずです

Point4

自分の気持ちは正直に

初対面や慣れない人と話をする時は、緊張してうまく言葉にならないことも多いはず。そんな時は「ちょっと緊張しちゃって…」など、その時の気持ちを素直に伝えるとお互いラクになります

Point5

仲間の輪には積極的に参加

お昼ご飯を一緒に食べに行く、休憩時間に一緒にお茶を飲むなど、積極的に輪の中に加わることで早く打ち解けられます。また、仲間の考え方や趣味など、さまざまな情報を得られる場でもあります

Point6

場の空気を読む

会話の中で気のない相づちが続くようなら、その話題は切り替えたほうがいいでしょう。「ふうん」、「そう」、「へぇ」などのサインを見逃さないように

子どものいない人に… ←
「どうして子どもをつくらないの？」
「何歳までに子どもがほしい？」

仕事を辞めた人に… ←
「なんで仕事を辞めたの？」
「何かやりたいことでもあるの？」

ダイエット中の人に… ←
「ダイエットするの、何回目？」
「リバウンドしたんじゃない？」

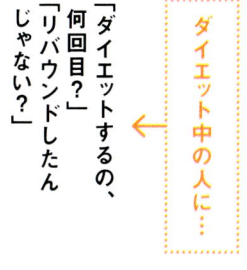

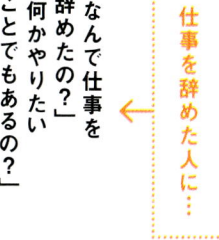

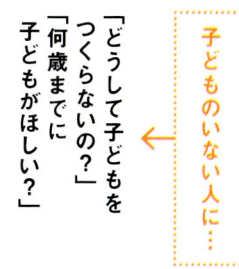

Chapter2

お互いをもっとよく知るために

自分の気持ちをスマートに伝える

いいことも、意見する時も、何かを依頼する時も、自分の気持ちをスマートに伝えられたらいいですよね。
特に感謝の言葉やほめ言葉など、いいことは積極的に相手に伝えるようにしましょう。

Chapter2 1

感謝の気持ちは口に出す

「ありがとう」をはじめとしたお礼の言葉は、ほめ言葉と同じように、言われれば嬉しいはずです。どんな些細なことでも感謝の気持ちを忘れず、いつも言葉にする習慣を身に付けましょう。

すかさず「ありがとう」

贈り物をいただいたり、荷物を持ってもらったり、ちょっとしたことでも、何かをしていただいた時にはその場ですぐにお礼の言葉を伝えましょう

二度目の「ありがとう」

お礼の言葉は、その場で一度伝えるだけでなく、次回会った時などにも、改めてもう一度伝えましょう。そうすることで感謝の気持ちがより伝わり、好感度もアップするはずです

Column

好感を持たれる
＋αの言葉と行動 3

感謝の言葉だけでなく嬉しさも素直に表現

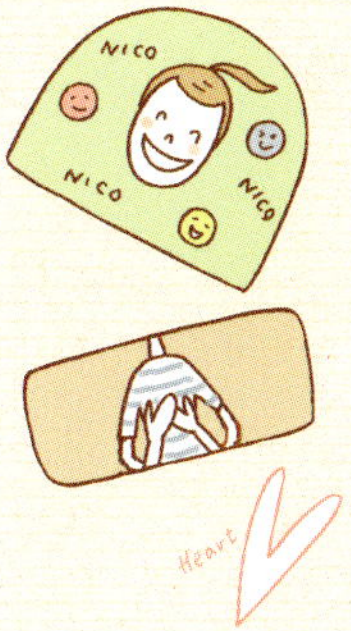

褒められた時、親切にされた時など、嬉しい気持ちを素直に伝えるのは意外と難しいもの。ですが、素直に伝えることで、相手にもその嬉しさが伝わるはずです。その時の嬉しい気持ちを相手に伝えるために、恥ずかしがらずに表情に出してみましょう。また、「わぁ！」、「嬉しい！」など、ストレートに感動を伝えたり、例えばお花をいただいた時は「このお花大好きなんです」、「素敵なアレンジメントですね」など、できるだけたくさんの感想を言葉にしましょう。

「ありがとう」と言うクセを

たとえ相手が家族でも、恋人や友人、初対面の人でも、日ごろからお礼の言葉を忘れないようにしましょう。「ありがとう」を言うクセを普段から心がけておくと、いつでも自然と言葉が出てきます

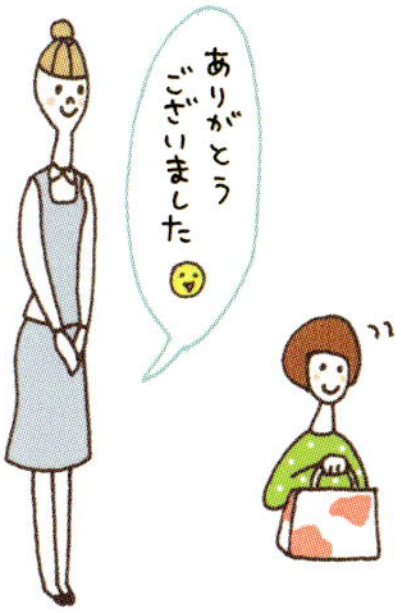

心を込めて「ありがとう」

「ありがとう」と言葉にしても、気持ちが伴っていなければ意味がありません。事務的に言われるとむしろ印象が悪いだけです

Memo

「すみません」はお詫びの言葉

道を譲ってもらった時やドアを開けてもらった時など「すみません」と言ってしまう人は意外と多いのでは。ですが、これは間違い。「すみません」はお詫びの言葉。感謝を表す場合は「ありがとう」と言いましょう。

Memo

手紙やメールも有効活用

二度目のお礼の時は、言葉ではなく文章で伝えてもいいでしょう。直筆のお礼状が届くと言葉でのお礼とはまた違った嬉しさがあるものです。また、とにかくすぐに感謝の気持ちを、という場合にはメールでもOKです。

Chapter2 2 ほめ上手になろう

ほめられて嬉しくない人はいません。そして、ほめてくれた相手には、良い印象を持ったり、親しみを感じるものです。ぜひ周りの人の良いところを見つけて、ほめ上手になりましょう。

仕事ぶりは素直に評価

部下や後輩、同僚に対しては、その業績や仕事ぶりなどを素直に評価してあげましょう。ただし、上司や目上の方をほめるのは失礼な場合もあるので注意

雰囲気をほめる

その人が持つ雰囲気をほめるのは、ちょっと観察すればできること。「よく気がつく方ですね」、「一緒にいるだけで元気になります」など、具体的なことではないので、初対面の人でも言いやすいです

たとえ難しい知識でなくても

「さすが食通！　レストラン情報は○子に聞くのに限るよね」など、どんな知識でも感心、感動したら素直にほめましょう

Memo

これはNG!

●過去について→
過去のことばかりをほめるのは失礼です。その人の“今”を認めてあげることが大切です。

●学歴について→
たとえ相手のほうが高学歴だったとしても、基本的に学歴をほめるのはタブー。本人は納得していない場合もあります。

●容姿について→
「きれいなおみ足ですね」など、容姿についても相手はそれを気にしていることがあるので、触れないほうがベター。

家族をほめる

ご主人や奥さま、お子さん、ご両親などのことが会話の中に出てきたら、その流れで「やさしいお母様ですね」、「お子さん、将来が楽しみですね」、「よく気がつく奥さまですね」など、家族をほめてみるのもいいでしょう

物選びのセンスをほめる

洋服やバッグ、アクセサリー、腕時計など、その人が持っている物をほめるのは、いつでも、誰に対しても気軽に伝えられることです。ただし、その物自体をほめるというより、それを選んだその人のセンスのよさをほめるようにしましょう

最上級のほめ言葉

つき合いが長く、親しい間柄であれば「尊敬しています」など、その人の人柄や人間性をほめてみてもいいでしょう。ただ、「尊敬している」は最上級とも言えるほめ言葉だけに多用するのは慎重に

小さなことでも認められる人に

些細なことでもよいところを見つけたら口に出して言ってみましょう。小さなことでも認めてあげられる人になりたいものです

ほめ言葉には気持ちを込めて

心にもないことを言っては、ただのお世辞やおべっかです。相手をほめるには良いと思ったことを素直にほめるようにしましょう

Chapter2

3 悩んでいる友人の励まし方

いつも元気な友人が、なんだか落ち込んでいるみたい…。そんな時、やはり友達としては励ましてあげたいと思うはず。けれど、実際はどう声をかけてあげればいいのか、なかなか難しいものです。

理由を吐き出させる

落ち込んでいる友人を励ますには、まず、その理由を吐き出させることが大切です。失恋なのか、友達とケンカをしたのか、仕事の失敗なのか…。この時、相手の気持ちを逆なでしないように。無理に聞き出すことも禁物です

自らの経験を話してみる

相手が悩んでいる、落ち込んでいる原因がわかるなら、自分の実体験を話してみるのもいいでしょう。悩んでいるのは自分だけじゃないと思えるだけでもホッとするものです

Column

好感を持たれる
＋αの言葉と行動
4

笑顔を忘れずクセは直す

いつも笑顔でいることは、好印象を与えるだけでなく、気持ちも前向きになります。ただし“作り笑顔”は逆効果になりかねないので注意して。また、どんなに笑顔が素敵でも、人が不快に思うようなしぐさはNG。髪をいじったり、足を組んだり、つい出てしまうクセがないか日頃から意識し、できるだけ直しましょう。

ほめつつ、励ます

最終的には、やはり自信を取り戻してもらうことが一番。ただ「大丈夫！」と声をかけるだけでなく、「～だから大丈夫！」と、理由を添えたうえで励ましてあげると説得力も増すでしょう

時にはそっとしておく

時には、かまってほしくないこともあります。つかず離れず、そっとしておいてあげるのも大切なこと。けれど、ほっておくのとは違います。親しいからこそ、側にいるだけで十分なこともあります

Chapter2 4 お願いごとをする時

何かお願いごとをしなければいけない時、どうせなら気持ちよく引き受けてもらいたいもの。丁寧な言葉遣いはもちろん、タイミングや相手の状況に配慮した頼み方を心得ましょう。

用件の前に前振りを

具体的な用件を伝える前に「お願いしたいことがあるのですが…」など、前振りの言葉をつけ加えます。「コピーをお願い」と言われるのと、「お願いしたいのですが、コピーをとっていただけますか」と言うのとでは、受け手の印象は全然違ってきます

Check!

見習いたい甘え上手の言い回し

ビジネス上のおつき合いや友人だけでなく、恋人にもやってほしいこと、お願いしたいことはいろいろあるでしょう。そんな時、不満や小言は禁物。「やってあげたいな」と思わせる言い回しを覚えて。

荷物を運んでもらう時

× 「ちょっと！重いんだから持ってよ」

○ 「ひとつ持ってくれると嬉しいな」

用件は簡潔&具体的に

取引先や友人、お店など、どんな相手でも、依頼する内容はわかりやすく、シンプルにまとめたほうが伝わりやすいです。たとえ丁寧な表現だったとしても、まわりくどい言い方は何をお願いしたいのかわからない、ということになりかねません

締めの言葉は丁寧に

お願いごとをしたら、結びの言葉は相手によって表現の仕方はまちまちです。「よろしくお願いします」、「ありがとう」など、気持ちを込めて丁寧にしましょう

友人には“特別さ”をアピール

友人や同僚に対しては「他の人には相談できない」、「あなただから」というように、自分にとってあなたは特別な存在だということを伝えたうえでお願いしてみましょう

目上の人には“相談”してみる

目上の人に対してお願いごとや依頼をする場合、前置きがポイント。「○○さんにどうしても聞いていただきたいことがあるんです」など、相談という形で話をしてみましょう

手紙・メールの返信がない時

× 「どうしていつも返事をくれないの?」

○ 「○○君のメール、ほしいな」

食事に行く時

× 「またファミレス……」

○ 「あそこのイタリアン、おいしいらしいよ」

旅行に行きたい時

× 「たまには旅行ぐらい連れて行ってよ」

○ 「○○君と一緒にハワイに行きたいな」

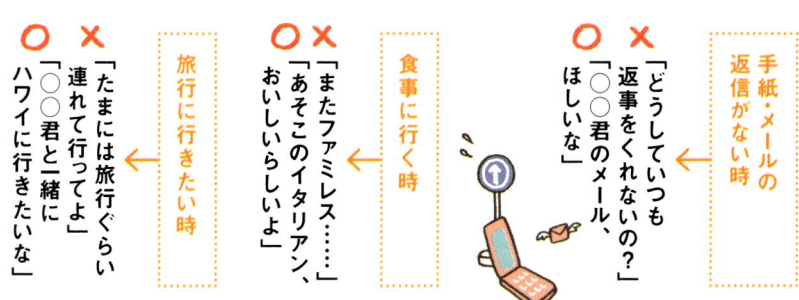

Chapter3

円滑な人間関係を築くために

上手な受け答えのコツ

一方的に話したり、いつも聞き役に回ったりでは人間関係において最も大切な〝コミュニケーション〟は図れません。会話を楽しく進めるには、〝受け方〟にも気を配るとベストです。

Chapter3

1 相づちの打ち方

相づちは軽く見られがちですが、会話を発展させる意味でも非常に大切な要素です。それだけに、使い方を間違えると相手に不快な思いをさせてしまうことも。基本パターンを覚えて、上手に使いましょう。

相づちの3原則

原則.1

心を込める

適当な相づちは相手の印象を悪くするばかりでなく、誤解を招くことが多々あります。心を込めた相づちを打つようにしましょう

原則.2

相手の目を見る

話を聞く時、話をする時は相手の目を見るのがマナー。それは、相づちを打つ場合も同じです

原則.3

タイミングよく

相づちを打ったことで話をさえぎってしまっては意味がありません。言葉が途切れた時や間が空いた時などにタイミングよく、効果的な相づちを打ちましょう

Memo

こんな相づちはNG!

相手が言ったこと、してくれたことに対して否定するような相づちはNGです。また、揚げ足を取ったり、話を横取りしたり、内容を先走ってしまうのも避けましょう。

相づちのパターン

疑問

「なぜ？」、「どうなんだろう？」、「そうかしら？」など疑問の相づち

同意

「へぇー」、「そうね」、「なるほど！」など同意の相づち

展開

「それから？」、「で、どうなったの？」、「と、おっしゃると…」など、話を展開させる相づち

驚き

「ホント!?」、「すごいですね！」、「信じられない！」など驚きの相づち

Chapter3

2 ほめられた時

人にほめられれば、誰でも悪い気はしないですよね。そんな時は、お礼とともに、その時の嬉しい気持ちを素直に言葉に表しましょう。

正直な感想を笑顔で

まずは「ありがとう」の気持ちを言葉にし、笑顔で伝えます。「とんでもない、あなたこそ〜」など、すぐに謙遜してしまうのは失礼な場合もあります

お礼をしつつ、相手を立てる

「○○さんに認めていただいて光栄です！」、「気づいていただいて、ありがとうございます」など、ほめてくれた人を立てたお礼の仕方も覚えておきましょう

「おかげさま」の言葉を返す

仕事で結果が出た時など、上司や先輩からほめられた時は、「おかげさまです」のひと言をつけ加えるようにしましょう

異性からのほめ言葉には

異性からのほめ言葉には照れてしまいがち。だからといってあまり謙遜しすぎてしまうと「素直じゃないね」と思われてしまうこともあるのでほどほどに

ほめ言葉をきっかけに話をつなぐ

洋服やアクセサリーなどをほめてもらった時は、「○子さんもこのブランド好きだって言ってましたよね？」など、話題作りのきっかけにしてもOK

Chapter3

3 お願いごとを引き受ける時

人に何かお願いされた時は、頼まれ方はどうであれ気持ちよく引き受けてあげたいもの。中途半端な受け答えや、“仕方なく”引き受けるのは失礼です。

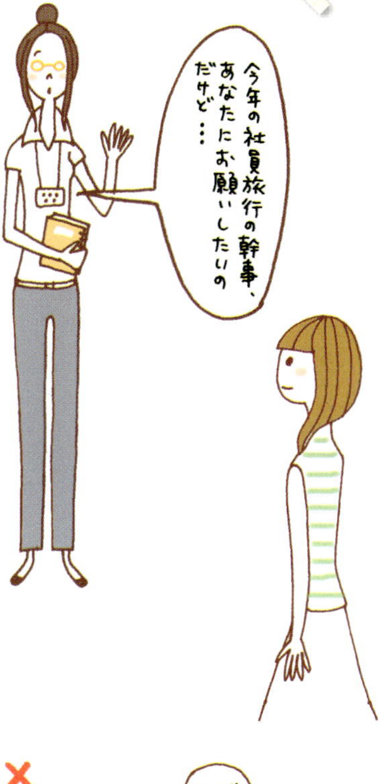

○

“了解”だけでなく、どのようにしていきたいのかなど、“抱負”をプラスしてみるのもいいでしょう。自分なりの言葉を足して、好感度アップを図りましょう

×

「どうして？」、「なぜ？」などと聞き返すのは、相手に高飛車な印象を与えてしまいます。信頼して任せてくれていると思って気持ちよく引き受けましょう

×

中途半端に引き受けてしまうのが一番よくありません。無理だと思ったら正直に断りましょう。また、一度引き受けたら愚痴など言わず、最後までやり通すこと

○

親しい間柄でのお願いごとなどでは、心苦しいと感じている頼む側の気持ちに配慮して、あえて「○○のパスタが食べたいな（笑）」などを付け加えても

Chapter3 4 話題を変えたい時

仲間との会話の中で、触れてほしくない話題や苦手な話などが出てきた際、「その話はやめて」とはなかなか言えません。ちょっとした言葉やアクションで、上手に話題を変えましょう。

Case1
沈黙することで察してもらう

“黙る”というのもひとつの手。相づちなども打たず、相手に気持ちを察してもらえれば成功です

Case2
強引に話を変える

「ところで」、「そうだ！」、「○○って言えば…」など、相手の言葉の中から見つけたキーワードをきっかけに話題を変えてみるのもいいでしょう

Case3
アクションを起こす

トイレに立ったり、かばんの中を探るなど、アクションを起こすことで場を中座します。こうした行動はあくまでも会話の“間”をきっかけにするようにしましょう

Chapter3

5 帰りたい時

いろいろな事情でその場を中座、もしくは切り上げたい時、他の人たちに失礼のないように気を使いつつ自分の意思を上手に伝えましょう。

さりげなくお開きの流れに

会話の合間で「もうこんな時間なんですね」、「次はいつにしましょうか？」など、さりげなくお開きの流れに持っていくとスマートです

正直に言う

下手にウソなどつかず、終電の時間が迫っていることや次の約束があるなど、正直に伝えることも大切です

携帯電話を活用する

携帯電話のアラーム設定は意外と使えます。帰りたい時間などに、アラームをセットしておき、それをきっかけに退席してもいいでしょう

中座するならお詫びを

もし自分が中座し、他のメンバーをその場に残していく時は「盛り上がっているところ申し訳ないのだけど…」など、残る人たちへのお詫びの言葉を忘れずに

Check!

相手に合わせて使い分ける別れのあいさつ

仕事関係の方には…
「お疲れ様でした」
「お世話様でした」
「○○様によろしくお伝え下さい」
「今後とも、よろしくお願いします」
「お時間をいただき、ありがとうございました」

目上の方には…
「ごめんくださいませ」
「そろそろ失礼させていただきます」
「お身体を大事になさって下さい」
「お気をつけてお帰り下さいませ」
「ごきげんよう」

友人・知人には…
「今日はありがとう」
「また会おうね」「気をつけてね」
「それじゃ、またね」
「ご主人によろしく」

Chapter3

6 得する言葉の言い回し

わずかな言葉使いの違いで、相手が受ける印象はまったく異なります。それには、まず相手を気遣う気持ちが大切。ちょっとした工夫で、得をする会話術を身につけましょう。

お手数おかけしますが
お忙しいところ申し訳ないのですが
お知恵をお借りしたいのですが
もしお手すきでしたら
お願いがあるのだけど
勝手なお願いで申し訳ないのですが
図々しいとは思うのですが

Check!

相手の立場に立った〝心の言葉〟

普段私たちが口にする何気ないひと言でも、相手を傷つけてしまうことや、喜ばせることがあります。相手の立場に立って「こう言われたら、どう思うのか」ということを意識して発する言葉を〝心の言葉〟と言います。とはいえ、神経質になる必要はありません。いつもよりほんの少し気を配って、心のこもった会話を心がけましょう。

× 「これはおいしいね」
○ 「これもおいしいね」

× 「どれでもいい」
○ 「どれもいいね」

× 「手伝ってあげようか?」
○ 「手伝わせてもらえる?」

× 「今、忙しいんですけど」
○ 「もう少し後ならゆっくり時間が取れます」

伝える前にワンクッション

用件を伝える時に、いきなり「買い物に行って来て」などと言うのは失礼です。「お願いがあるのだけど…」など、本題を切り出す前に前置きとなるクッション言葉を使うことで、何か依頼があるのだと察してもらえます

義母さん、涼の入園グッズ。作っていただけると涼も私もすごくうれしいんですけど♥
生地はコレで
涼ちゃんのために作ろうかね♪
おばーちゃんつくって〜
もうすぐようちえん〜

語尾は依頼形で

クッション言葉と同様に、何かお願いごとをする時は、語尾を依頼系の言葉にすると受け手の印象はまるで違います。「お願いします」と言い切るのではなく、「お願いできますでしょうか」と依頼形で言うようにしましょう

義母さんはかたづけ苦手だと、おっしゃってますが、お料理はほんとおいしいですね♥
たくさん食べてね〜

語尾がポイント

語尾を丁寧に締めると、多少おかしなことを言ったとしても嫌な印象が残りません。また、語尾を否定的な意味合いで終わらせないのもポイント。同じことを言うにしても、この気遣いだけでまったく印象が違います

× 「今日のお洋服は素敵ね」
○ 「今日のお洋服も素敵ね」

× 「手伝ってあげるわ」
○ 「手伝うわ」

× 「コーヒーでいいわ」
○ 「コーヒーがいいわ」

× 「まだ、できないの？」
○ 「もう、できた？」

× 「これならできる？」
○ 「これ、できる？」

× 「字は上手ね」
○ 「字も上手ね」

コーヒーをお願いします
↑
コーヒーでいいわ
ご注文はお決まりですか？

恥ずかしい思いをしない
冠婚葬祭の場での会話

“人の振り見て、我が振り直せ”と言うように、他人の失敗から学ぶことは多々あります。
特に、冠婚葬祭は人生において大切な儀式。
マナーを知らなかったがために、恥ずかしい思いをしてしまった、ということがないように。

{ 通夜・告別式 }

受付でのひと言

受付では香典の表書きが相手から読める向きで手渡し、芳名帳に記帳します。香典を差し出す際、「この度はご愁傷様でした」、「ご霊前にお供え下さい」とひと言添えましょう

遺族の心情に配慮した言葉のかけ方

遺族に対してのお悔やみの言葉は、低く小さな声で伝えましょう。また、何かと慌ただしい通夜では、「この度はご愁傷様です」とだけ気持ちを込めて伝えます。愛する人を亡くした時は、どのようななぐさめも心に入りませんので、アイコンタクトをして、悲しみの表情で会釈するだけでよいのです

お悔やみの言葉例

妻を亡くされた方へ

「この度はご愁傷様でした。奥さまには親しくおつき合いいただきました。もし、お手伝いできることがあれば、お申し付け下さい」

夫を亡くされた方へ

「ご主人が亡くなられたとの悲しい知らせを受け、申し上げる言葉もございません。気持ちを強く持たれますよう…」

子どもを亡くされた方へ

「○○ちゃんが亡くなられたと聞き、大変驚いております。ご両親の心中を察するとお慰めの言葉もありません。心よりお悔やみ申し上げます」

親を亡くされた方へ

「○○様には、ご存命中たいへんお世話になりました。ご家族の皆様はさぞ、ご心痛でいらっしゃることと思います。心よりご冥福をお祈り申し上げます」

通夜・告別式でのタブー発言集

Case1

弔問の席で、「この度は重ね重ね残念です…」とお悔やみの言葉を言ったら、そばにいた友人に顔をしかめられたけど、何かヘン？

A：「重ね重ね」は重ね言葉と言い、“不幸の繰り返し”を連想させるのでNG。「たびたび」、「しばしば」、「返す返す」なども重ね言葉です。また、「死ぬ」、「生きる」、「迷う」、「追って」、「重ねて」なども忌み言葉と言い、避けたい言葉です。

Case2

キリスト教式の葬儀に初めて参列。弔意を込めて、「ご冥福をお祈りします」と遺族の方に声をかけたら、ヘンな顔をされました。どうして？

A：キリスト教では、葬儀は神に対する感謝、故人を懐かしむ儀式です。信者にとって、死は悲しむべきことではなく、神のもとに召されたことを祝福すべきことと考えられています。ですから、遺族に対して「安らかに休まれますよう、お祈り申し上げます」という言い方が一般的です。

このたびは重ね重ね残念です
なんてこと…
ご冥福をお祈りします

結婚式

受付でのひと言

「おめでとうございます。お招きいただきました○○でございます」とあいさつして、招かれた側の芳名帳に記入し、席次表を受け取ります。ご祝儀を渡す時は「心ばかりのお祝いでございます。どうぞお納め下さい」とひと言添えます

本日はおめでとうございます
または
おめでとうございます。本日はお招きありがとうございました。

今日は楽しみにして来ました。すてきな旦那様ね
とってもきれいよ！どうぞお幸せに♥

新郎新婦に対して

まずは「おめでとうございます」とあいさつし、「今日もとってもキレイ！」など新郎新婦をほめる言葉を添えて。冗談でも、雰囲気を壊すような言葉はNG。長々と話すのも控えます

ご両親に対して

新郎新婦のご両親にお会いしたら、まずは「おめでとうございます」とお祝いのあいさつをします。面識がない場合は、「高校時代の友人の○○です」、「会社の後輩の○○です」など、簡単に自己紹介をしましょう

おめでとうございます。スピーチさせていただく山田と申します。□□さんにはいつも会社でとてもお世話になっております。
おめでとうございます。□□さんの花嫁姿を楽しみにしてまいりました。
おめでとうございます。わたしは□□さんの同僚の山田と申します。本日はお招きいただきありがとうございます。

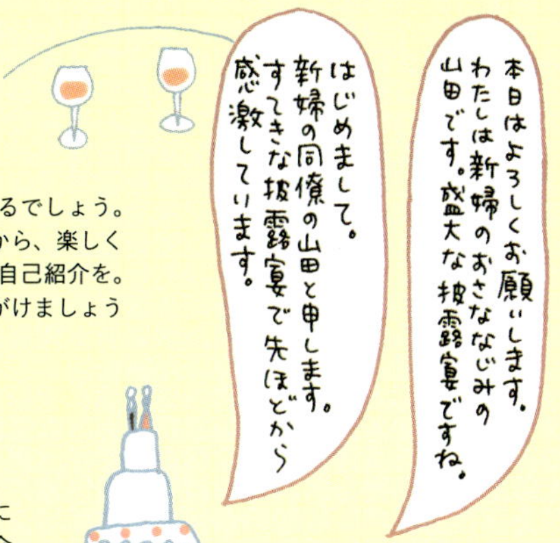
本日はよろしくお願いします。わたしは新婦のおさななじみの山田です。盛大な披露宴ですね。
はじめまして。新婦の同僚の山田と申します。すてきな披露宴で先ほどから感激しています。

同席の出席者に対して

顔見知りではない人と同席する場合もあるでしょう。せっかくひとつのテーブルを囲むのですから、楽しく披露宴を過ごせるよう自分から積極的に自己紹介を。おめでたい席ですから、明るい話題を心がけましょう

うまくいくスピーチのポイント

結婚式のスピーチは、はじめにお祝いの言葉を述べ、自己紹介します。そして、新郎新婦との思い出やエピソードで場を盛り上げ、励ましやアドバイスがあればそれを伝え、最後にまた祝福の言葉で結びます。思い出やエピソードは新郎新婦の長所や優しさが伝わる形がグッド。スピーチは2～3分を目安に

結婚式でのタブー発言集

失敗談
うちわ話
苦労話
自慢話
異性関係話
下ネタ
NG

Case1

「ご結婚おめでとうございます。ならびにご両家の皆さまにも心よりお祝い申し上げます。～最後になりますが、いつまでもお幸せに！」無事スピーチを終えたと思ったら、隣にいた友人の顔が青ざめていた。どうして？

A：新郎新婦にとってはこれから新しい人生がはじまるのですから、「最後」という言葉はNG！　弔事に忌み言葉があるように、結婚式でも言ってはいけない言葉があります。別れを連想させる「切れる」、「別れる」、「終わる」、「割れる」、不安定な状態を表す「戻る」、「去る」、「飽きる」、「逃げる」、不幸を連想させる「悲しい」、「苦しい」などは避けましょう。

Case2

友人の披露パーティーでリレースピーチを受けました。学生時代の花嫁の印象を聞かれ、「あの通り、美人で明るい性格で、とても人気がありました。男性からもモテて、いろいろな人とつき合っていた」とうっかり…。

A：結婚式は、新郎新婦の門出を祝う席です。スピーチやインタビューの場はもちろん、親族や他の参列者との立ち話などの中でも、失敗談や異性関係の暴露話だけでなく、自分の自慢話や下ネタなど、ふさわしくない話題は出すべきではありません。

美しい話し方.2～所作と表情のコツ～

背筋を伸ばしましょう

どれだけ美しく話すことができても、猫背だったり、足を組んだりと、姿勢が悪くては相手に嫌な印象を与えてしまいます。まずは、背筋をピンと伸ばしてみましょう。それだけで美しく見えますし、発声もよくなります。座る時は膝をそろえて足を閉じます。立つ時は膝とかかとをそろえ、つま先はほんの少し開くか、閉じて身体がぐらつかないように。手は重ねて膝の上にそろえておくなど、指先まで気を配ります。意識すれば、美しい姿勢はすぐに身につきます。

目は口ほどにものを言う

相手の目を見て話すのは、とても大切なことです。アイコンタクトをすることにより話に説得力をもたせ、相手に気持ちが伝わります。ただし、目を見るのがどうしても恥ずかしいという人もいるでしょう。そういう人は、語尾や強調したいセンテンスだけでもアイコンタクトをするように努力してみましょう。それだけで、印象はかなり違います。また、大勢の人の前で話をする時は、遠いほうからSの字を描くように視線を配るといいでしょう。

表情トレーニングのススメ

表情豊かに話をすると、会話はいきいきとしてきます。表情を豊かにするために、日ごろから顔の筋肉をほぐすトレーニングをしておきましょう。テレビを見ながらでもできますので、ぜひ試してみて下さい。

1）ほおの筋肉を意識しながら大きく口を
　　動かして、「ア・イ・ウ・エ・オ」と言います。
2）口をとがらせたり、
　　口の端を横に引き上げます。
3）目をそっと閉じてから、ぱっと大きく開け、
　　目玉をぐるりとゆっくりと動かします。

第二節

言いにくい気持ちの上手な伝え方

仕事でもプライベートでも、人づき合いをしていくうえで多かれ少なかれ、トラブルはあるものです。そんな時こそ、会話のマナーを身につけて上手に乗り切りたいもの。トラブルだって、焦る必要はないのです。

Chapter1

上手な言い回しで
スマートに乗り切る

人に気分を
害された時の
対処法

Chapter2

誠意ある言葉と
行動がカギ

自分が失敗
してしまった時の
対処法

Chapter1

上手な言い回しでスマートに乗り切る

人に気分を害された時の対処法

人から嫌なことをされた場合、ぐっと我慢するのもいいですが、ストレスがたまり、よくありません。とはいえ、意見する場合は、お互い後味の悪い思いをしないような対応を心がけましょう。

Chapter1 1 気持ちを害された時の心得

思いがけず心外な言葉をかけられたり、相手の行動によって気分を害されることも少なくありません。そうした事態に翻弄されることなく、上手に気持ちを切り替えたいものです。

上司のイヤミにも笑顔で対応

頼まれた仕事に一生懸命取り組んでいるのに、同僚や上司に認めてもらえずイヤミを言われることもあるのでは。そんな時は、悔しい気持ちをぐっとこらえて、笑顔で「ご指摘ありがとうございます」のひと言を。嫌な表情や物言いは、険悪な雰囲気を作るだけで何もいいことはありません

Column

人づき合いの困った！　こんな時どうする？　**Case1**

上司から プライベートな質問を 受けて困って いるんだけど…。

Best answer

いくら上司とはいえ、仕事とは関係のないプライベートな質問に対しては正直に答えなくてもよいでしょう。ただし、あからさまに迷惑そうな顔をするのはNG。笑顔で「お答えできません（笑）」と言ったり、あえて“沈黙”で察してもらうというのも手です。

フォローを忘れずに

友人同士でも基本的には同じこと。ただし、自分の正直な気持ちを伝えた後は、「みんなでご飯でも行かない？」と誘いの言葉などをかけ、険悪なムードのままでその場を終わらせないようにしましょう。相手に謝ってもらったら引きずらないようにします

一方的に 攻めてはダメ

彼の発言に傷つくこともあるでしょう。悪気がないとわかっていても、そんな時は素直に傷ついた気持ちを伝えましょう。ただし、「そんなことを言うあなたが悪い！」と一方的に攻めてはいけません。その言葉の裏にある彼の気持ちを受け止められるように

何があっても 笑顔であいさつ

ご近所とのつき合いの中でも気持ちを害されることがある場合も。きちんと自己主張をしつつも、近所づきあいの和を乱すような行動は控えたほうがいいでしょう。嫌なことがあったからといって、あいさつすらしない間柄になってはお互い気持ちよくありません

Chapter1 2

お互い後に残さない怒り方

ちょっと気分を害されただけであれば、気持ちの切り替えをすればいいですが、怒り心頭の場合は、なかなかそうもいきません。しかし、いくら相手に怒りをぶつけたとしても、なんの解決にもなりません。

友達に約束をすっぽかされた!

Point1

第一声の前に深呼吸を

何はともあれ、まずは深呼吸を。高揚した気持ちを静めるためにゆっくり呼吸をします。言わなければいけないこと、言ってはいけないことなどを、冷静に考えてみましょう

Point2

怒る場所にも配慮する

相手が一方的に悪かったとしても、怒り方や怒る場所などは最低限配慮しましょう。人前では極力怒らないようにしたいですね。頭ごなしに怒りをぶつけても、解決策は見つかりません。むしろ逆効果です

大切なものを壊された!

Column

人づき合いの困った！　こんな時どうする?

Case2

取引先の方からプライベートな質問を受けて困っています。

Best answer

会社の上司でも、取引先であっても仕事とは関係のないプライベートな質問には、答えたくなければ、正直に答えなくても大丈夫です。ただ、不愉快そうな表情をするのは禁物。「ところで」、「そういえば」など転換する言葉を使って、うまく話題をすり替えてみて。

Point3

本題の前にワンクッションを

「勘違いだったらごめんなさい」、「私の誤解かもしれないのだけど…」など、クッション言葉を挟むことで、強い主張をする場合でもやわらかい印象になります

Point4

語尾に気を配る

怒る、注意する際の言葉遣いでは、語尾に気を配るのがポイントです。「約束は守ってよ！」ではなく、「約束は守ってもらえると助かるんだけど」や「迷惑に決まってるでしょ！」ではなく、「とても困るんだけどな」と、命令形は使わないなど、語尾をやわらげた表現を心がけることで印象は随分違います

Chapter1

3 苦情・クレームを言う時

近所の人や友人、仕事での苦情やクレームはなかなか言いづらいもの。下手をすると相手との関係を壊してしまいかねません。上手な言い回しで嫌な思いをさせずに聞き入れてもらえるようにしましょう。

Point1

感情的にならない

苦情を言う時は、決して感情的にならないこと。一方的に責め立てられては相手も聞く気になりません。あくまでも「困っている」という気持ちを素直に伝えるようにしましょう

Point2

困っている原因を具体的に

何に対してのクレームなのか、はっきり伝えます。どのような不都合があって困っているのか具体的に説明しないと相手に伝わらず、解決の糸口がつかめません

Column

人づき合いの困った！　こんな時どうする？

Case3

「次のプレゼンで発表する
○△×□の件だけど、△△△の
進捗はどうなんだね？」
「…。申し訳ありません、
早速担当の山口に
確認とってみます」

社内で自分がわからない質問を受けて答えられない!

Best answer

自分が把握できていない案件の進捗や内容について聞かれた場合は、素直に「申し訳ありません。把握できておりません」と謝ったうえで、すぐに確認、把握すること。この時、相手にその旨も伝えましょう。

水玉が
ヌキで白ですよっ
逆のはずですが

Point3

“お願いごと”というスタイルで

“苦情”ではなく、“お願いごと”という形で伝えると相手の印象も悪くないはず。「申し訳ありませんが、〜お願いできますでしょうか？」など、クッション言葉も挟みつつ、依頼する形で伝えましょう

良店市場.com
1客
1500円
とれてるし…

Point4

解決したら感謝の言葉を

苦情やクレームを聞き入れてもらえて、問題が解決した際にはきちんと感謝の言葉を言いましょう。ただし、イヤミにならないように言い方には気をつけて

Chapter1

4 目上の人に意見する時

上司や目上の人に対して意見する、自分の主張を聞いてもらう時はタイミングや場所など、相手の状況にきちんと配慮します。態度や言葉の言い回しに気を配り、話を聞いてもらえるようにしましょう。

基本はおうかがいを立てる

基本スタイルは“意見をうかがう”という形。直球勝負で自分の主張のみをただ伝えても、相手は聞く気になりませんし、いい気持ちはしません。「お知恵を拝借したいのですが…」、「この件についてご意見うかがえますでしょうか」などと言うといいでしょう

主張の目的を具体的かつ簡潔に

どんな案件についての、どんなことで意見をしたいのか、その主張の目的を具体的、かつ簡潔に伝えることが大切です。もちろん、その際にも「相談したいことがあるのですが…」、「教えていただけますか？」と目上の方を立てつつおうかがいするというスタンスで

自分の意思はきちんと伝える

「私は○○だと思うのですが、いかがでしょうか」など、おうかがいスタイルを取るとはいえ、自分の考えはきちんと伝えます。「AとBどちらがいいでしょう？」と完全に判断を相手にゆだねてしまうような聞き方は、意志がないと思われますので、避けたほうが無難

こんな経験ありませんか？

上司の間違いを見つけてしまった！

私の思い違いかもしれないのですが先日のオリエンでいろは社は、10月ではなく、8月に納品してほしいとのことだったと思うのですが
あっそうだ！
よくできました

やんわりと指摘する

上司の間違いを見つけた時は「課長、これ間違っていますよ！」など、たくさんの部下がいる前でストレートに言うのはNG。こっそり、上司に間違いを気づいてもらうように行動し、言う際もクッション言葉を加えて

上司の口元にご飯粒が…

小さな声でこっそりと
コソ
コソ
部長、顔にゴミがついていますよ
よくできました

言われて恥ずかしくならないように

シャツが出ていたり、顔にゴミがついていたり、身だしなみについて指摘しなければいけない時は、周りの人も気にしつつ、小声で遠まわしな表現で伝えてあげましょう

取引先から約束の期日に書類が届かない！

お世話になります。
お願いしております企画書の件ですがその後いかがなりましたでしょうか？
よくできました

おうかがいを立てる

取引先とはいえ、ビジネスである以上、期限は守ってもらわなければいけません。だからといって自分本位にきつい言い方をするのはやめましょう。あくまでも相手におうかがいを立てる言い方を心がけて

名前が思い出せない！

お久しぶりです
ペコリ
あれ…っ誰だっけっ
以前どちらでお目にかかりましたでしょうか？
よくできました

「どなたでしたっけ？」はNG

どこかで会ったことがあるのは覚えているけれど、名前を思い出せないということもしばしば。そんな時は、丁寧なあいさつをしてから、どちらでお目にかかったのかを尋ねましょう。間違っても「どなたでしたっけ？」などと聞かないように

Chapter2

誠意ある言葉と行動がカギ

自分が失敗してしまった時の対処法

仕事でミスをしてしまった！　うっかり失言で友人を傷つけてしまった！　日々、生活していれば、そんな失敗の一つや二つはあるものです。失敗したことは真摯に受け止め反省し、ミスをミスで終わらせない行動をすることが大切です。

Chapter2

1 ミスをした時の心得

誰でも人に迷惑をかけてしまうことはあります。それは仕方がありません。そんな時にきちんと謝罪できるか否かがとても大切なことです。誠実な行動で失敗をプラスに転じる努力を忘れずに。

心得1

気づいたら即報告

ミスに気がついたら焦らず冷静に、即座に相手（上司）に報告します。後になればなるほど、自分にとっても、相手（会社）にとってもダメージは大きくなってしまいます。そして、些細なミスでも必ず謝罪し、そのミスによりどのような事態が想定されるかなども報告を

Memo

これはNG!

「ごめんなさい」は仕事では×

ビジネスシーンで「ごめんなさい」はNG。「ごめんなさい」は親しい間柄での言葉。あくまでも「申し訳ありません」が基本です。

ひと言の違いで損をする

「だって」、「でも」など、事情を説明する際に言い訳に聞こえる言葉はNG。このひと言が入るだけで相手の印象は大きく違います。

心得2

まずはお詫びを

たとえ自分に原因がない場合でも、社内外問わず、迷惑をかけてしまった相手に、まずは「申し訳ありません」という謝罪の気持ちを伝えること。「確認したはずなのですが…」、「○○さんの指示通りやったはずなのですが…」など、言い訳は二の次です

心得3

直接会って謝るのが基本

謝りさえすれば方法は何でもいいのかというと、そうではありません。基本的には、迷惑をかけた相手のところへ出向き、直接会って謝罪すべきです。ただし、とにかく一刻も早く一報を入れるという意味で、まずは電話で謝罪することは必要でしょう

心得4

感情的になるのは禁物

相手によっては感情的にクレームをつけてくる場合もあります。しかし、相手のテンションに引きずられてはいけません。あくまでも冷静に、状況を客観的に説明することが大切です

心得5

事態の経緯を説明

「言い訳をしない」と「何の説明もしない」は違います。説明をしないのは得策ではありません。謝罪後に、どうしてこういう事態になったのか簡潔に説明します。また、自分が原因ではないと言えるのなら、「確認させていただきたいのですが…」など、ワンクッション入れるといいでしょう

心得6

今後の気持ちをひと言プラス

謝罪、説明した後は「今後このようなことのないよう、気をつけます」など、ひと言加えるだけで相手の印象は違います。特に、ビジネスでは、ミスをミスで終わらせず、対応策や代替案を提案し、リカバリーできるかどうかがポイントとなってきます

Chapter2 2

相手を傷つけてしまった時は…

悪気はなくとも、気づかぬうちに相手を傷つけてしまうことはあります。自分ではたいしたことでなくても、相手にとって受け取り方や感じ方はまちまち。「しまった！」と思ったら、すかさずフォローを。

自分の本意をきちんと伝える

自分としてはいい意味で話したつもりでも、相手がまったく逆の意味でとらえてしまうこともあります。相手との関係の深さにもよりますが、親しい間柄であれば、謝った後にユーモアを交え、自分の本意を伝えてもいいでしょう

冗談や軽口を言い合える仲に

あまり仲間内で気を使い合うのは、お互い疲れてしまいます。普段から冗談や軽口を言い合える関係を築けるように、積極的に交流を持つようにしましょう

お詫びの手紙が効果的

失言や失態で相手を予想以上に傷つけてしまった時は、その場での謝罪はもちろん、後日、改めてお詫びの手紙を書くのも効果的です。ただし、あまり日をおき過ぎないように

Chapter2

3 誤解を解くには…

いつも通りに行動していても、ちょっとしたことがきっかけで誤解を生むこともあります。そんな時は、変に話がこじれたり話が広まってしまう前に、きちんと誤解を解いておきましょう。

まずは謝罪の気持ちを

まずは誤解をさせてしまったことについて、謝罪の気持ちを表します。その後、どんな誤解をされているのか話を聞きましょう。一方的に自分の言い分だけを主張してもあまり意味がありません

自分の言い分は最後に

相手の話をひと通り聞いた後に、「それはこういうことだったのよ」と、そうなった経緯、自分の意見を話しましょう。その時、話はわかりやすく、簡潔に

わだかまりは後に残さない

きちんと理解してもらえ、誤解が解けたら、その後は引きずらないように。お互いにとっていい印象の話題で締めくくるようにすると、その後も気持ち良くつき合えるでしょう

恥ずかしい思いをしない敬語の使い方

ご都合のよいお時間に
おうかがいさせていただき
ご説明申し上げたいのですが

敬語は相手に対して敬意を伝えるために用いる言葉。
一般的には相手を敬う尊敬語、自分に対してへりくだる謙譲語
丁寧語があります。状況に合わせて上手に使い分けましょう。

{ 敬語の種類 }

尊敬語　相手に敬意を表する

目上の人の動作や状態などについて相手を敬い高めて話す時に使う言葉

1. 相手の動作や持ち物に「お」や「ご」をつける	例）お美しい、お洋服、ご本
2. 相手の動作に「れる」や「られる」をつける	例）楽しまれる、帰られる
3. 相手の動作に「お・ご～になる、くださる」をつける	例）お越しになる、お喜びになる、お話くださる
4. 他の言葉に変える	例）来る→いらっしゃる、見る→ご覧になる

謙譲語　へりくだり相手を立てる

自分や身内についてへりくだり、その対象となる相手を高めて話す時に使う言葉

1. 自分が相手にする動作に「お・ご～する」をつける	例）お会いする、ご連絡する
2. 自分が相手にする動作に「お・ご～いただく」をつける	例）お話しいただく、お待ちいただく
3. 他の言葉に換える	例）会う→お目にかかる、行く→うかがう

丁寧語　親しき仲にも礼儀あり

初めて会った人などに対して、敬意と丁寧な気持ちを表す時に使う言葉

1. 言葉の頭に「お」や「ご」をつける	例）お水、ご馳走
2. 言葉の最後に「です」や「ます」「ございます」をつける	例）粗茶でございます、私です
3. 他の言葉に換える	例）今日→本日、ぼく→わたくし

尊敬語と謙譲語の注意点

尊敬語と謙譲語の使い分け

尊敬語と、謙譲語は、慣れないと使い方を間違えてしまいがち。「○○さんが参られました」では、例え尊敬語の「られ」をつけていても、「参る」が謙譲語であるため、間違いです。正しくは「○○さんがいらっしゃいました」です

過度な使用は失礼に

「ご覧になられる」という表現は、「ご」と「なられる」の2つの尊敬語を使った二重敬語で間違い。この場合は「ご覧になる」で十分。また、長い一文の中の単語すべてに「お」や「ご」をつけるのもやりすぎ。かえって失礼な印象に

役職のついた人の呼び方

取引先の課長を「山田課長様」と呼んでしまう人がいますが、これは間違い。本来、役職そのものに敬称が含まれているので、この場合は「山田課長」で十分

時には上司にも謙譲語を使う

目上の人に対しては常に尊敬語で良いとも限りません。社内であれば上司のことを尊敬語で表しますが、そこに社外のお客様が同席している場合は上司も身内と考え、謙譲語で表現します

お世話になります。
昨日の件ですが
よろしいでしょうか？

よく使う！ 尊敬語・謙譲語・丁寧語

普通の表現	尊敬語	謙譲語
行きます	行かれます／いらっしゃいます	参ります／うかがいます
来ます	いらっしゃいます／お見えになります／お越しになります	参ります／うかがいます
食べます	召し上がります	いただきます／頂戴いたします
言います	おっしゃいます	申します／申し上げます
受け取る	お受け取りになる／お納めになる	いただく／頂戴する
います	いらっしゃいます／おいでになります	おります
見ます	ご覧になります	拝見いたします
知っています	ご存知です	存じております／存じ上げております
します	なさいます	いたします
会います	お会いになります／会われます	お会いします／お目にかかります
帰ります	お帰りになります／帰られます	失礼します

日常語	丁寧語
誰	どなた様／どちら様
ぼく	わたくし
私たち	わたくしども
どこ	どちら
これ・ここ	こちら
さっき	さきほど
今日	本日

日常語	丁寧語
きのう	さくじつ
おととい	いっさくじつ
あした	みょうにち
ある	あります／ございます
いいですか？	よろしいですか？
いいです	結構です

Point

尊敬語と謙譲語、どちらを使うか迷った時は？

会社の課長宛に電話がかかってきた時、「○○課長はいらっしゃいますか？」と尊敬語で聞かれた場合、「おりません」と謙譲語で答えます。一方、例えば「弊社の山崎はそちらにおりますでしょうか？」と謙譲語で聞かれたら、「いらっしゃいません」と尊敬語で答えます。

お礼・お詫び・受け答えの敬語

【お礼とお詫び】

普通の言い回し・状況	敬語遣いの表現
ありがとう	ありがとうございます
謝りに来ました	お詫びに参りました
忘れていました	失念しておりました
お客様に対するちょっとしたお礼	恐れ入ります
お詫びを言われて	問題ありませんので、お気になさらないでください
軽いお詫び	失礼しました／失礼いたしました
間違えたり、迷惑をかけた時	申し訳ありません／申し訳ございません
重大な失敗を犯した時	大変申し訳ありません／大変申し訳ございません
上司に仕事の進め方を教わった	ありがとうございました／助かりました

【上司への受け答え】

普通の言い回し・状況	敬語遣いの表現
知っていますか?	ご存知ですか?
わかりました	承知いたしました
了解です	かしこまりました
～してほしいのです	～していただきたいのですが
～をもらいます	～を頂戴いたします
今、いいですか?	今、お時間よろしいですか?
今、行きます	はい、ただ今、参ります
待たせてすいません	お待たせして申し訳ありません／お待たせして申し訳ございません
一緒に行ってもいいですか?	お供してもよろしいでしょうか?／お供させていただいてもよろしいですか?
ここにサインしてください	こちらにサインをお願いできますか?

Point

社会人として使わないほうが良い"4D"って?

つい口にしてしまう「だって」、「でも」、「どうせ」、「ですが」の"4D"言葉。この"4D"をなくしただけでも、ずいぶんニュアンスがやわらぎます。言いにくい話には、その結果の判断は相手に委ねる「～は、いかがいたしましょう?」を使うと印象がよいでしょう。

気配りひとつで
気持ちのいい関係に!

第二章 人づき合い編

あなたが生きていく中で、人とのかかわりは
避けては通れないものです。
身内、ご近所、仕事場、プライベート…
その場、その場でつき合っていく人々も違います。
そんなたくさんの個性がある中で
すべてを上手にやりくりするには限度がありますが
基本は「自分がされたくないこと」はしない、言わないこと
「自分がされたら嬉しいこと」を実践することです。
それだけで、人づき合いはきっとうまくいくはずです。

友達のお宅を
訪問する時は
事前に約束を

実家には手土産を
持って
近況報告を

仕事場では何を
置いても
「ほう・れん・そう」

引っ越し時は
近隣にあいさつ回り

第一節

人と親しくなるつき合い方

ご近所さんや仕事場で気持ちよく過ごすために守っておきたいマナーがあります。

第二節

親しい人ともっと親しくなるつき合い方

実家や親戚づき合い、恋人など、親しい人と良好な関係を築くコツとは。

天気の話題にひとひねり

あいさつ代わりのちょっとした話題として便利なのが天気の話題。環境問題が深刻になっている今、天気の話題は、いつでも誰とでもできるオールマイティーなトピック。だが、単に天気の話だけしても会話が広がらないので、相手が興味があったり関係のあるような内容をプラス。こうすることで会話がもっとスムーズになるはずです。例えば、野球好きの人だったら「今日は雨だから、野球は中止かしら？」。こんなひと言を加えるだけで、あなたに対する好感度はアップするはずです。

携帯は相手の状況を確認

携帯電話は今や、誰もが持っている手放せないツールのひとつ。どこにいてもすぐに相手が捕まえられる便利な一面がある一方で、相手の懐にいきなり飛び込むようなものでもあります。だからこそ、相手への気遣いが必要となってきます。今話してよいのか、相手の状況を確認することが大切。相手が折り返してほしいようなら、できるだけすぐに切り、急ぎの用事でなければメールですませるようにしましょう。特に相手が食事中などは失礼にあたるので、親しい仲でも今話してもよいか、ひと言確認しましょう。

第一節

人と親しくなるつき合い方

皆、それぞれ生きてきた環境が違うのですから
価値観や習慣が異なるのは当然のこと。
相手のことを思いやり、理解することで他人との距離はぐっと縮まります。
さぁ、あなた自身が親しみやすい人になりましょう。

Chapter1

普段から気軽に交流して
円満な関係を築こう

ご近所さんとのおつき合い

Chapter2

楽しい時間を過ごすために

訪問・おもてなし時の素敵な振る舞い

Chapter3

少しの心遣いで
気持ちのよい職場環境を

仕事場でのおつき合い

Chapter1

ご近所さんとのおつき合い

普段から気軽に交流して円満な関係を築こう

現代では隣近所とのふれあいが希薄になっていますが
いざという時に力になってくれるのは、隣近所の方々です。
普段からあいさつを交わすなど交流を持つようにして、よい関係を築きましょう。

Chapter

1-1 日常のあいさつ

“あいさつ” は人とのおつき合いにおいて、最も重要なこと。あいさつの仕方ひとつで、その人のイメージを決めてしまいます。ご近所さんに会ったら、自分から明るい笑顔で、元気にあいさつしましょう。

気候のあいさつをプラスするとより丁寧に

単に「おはようございます」、「こんにちは」だけでなく、「今日はいいお天気ですね」、「今日は寒いですね」など、ちょっとしたひと言をプラスすることでより丁寧になり、会話も続きます

おはよう ございます。 いいお天気ですね。
こんにちは。 お出かけですか。
こんばんは。 寒いですね。

出かける人に会ったら

出かける人に、「お出かけですか？」と声をかけるのはいいですが、「どちらへ行くの？」など、あまり立ち入って聞かないほうが無難

スーパーで…

気軽にあいさつを

「こんにちは。これからお買い物ですか？」など、気軽にあいさつを。買った品物を聞いたり、かごの中をじっと見たりしないように

道端で…

名前がわからなくてもあいさつを

名前がわからなくても、時々見かける人だったら、あいさつをしましょう。顔に見覚えがない人でも、会釈程度のあいさつを

エレベーターで…

先に降りる時はひと言かけて

顔見知りだったら、その人が降りる階のボタンを押してあげます。先に降りる時は、会釈をしつつ「お先に」、「おやすみなさい」などひと言言いましょう。居心地の悪い空間が和みます

病院で…

気づかなかったフリでやり過ごす

ガンなどの大きな病気や婦人病など、人には知られたくない病気もあります。病院で近所の人を見かけても、気づかないフリをしたほうがいい場合もあります

Chapter 1-2

日常のやりとり

お互いに気持ちよく過ごすために、近所同士のおつき合いで欠かせない最低限のルールは守るようにしましょう。

宅急便

早めに受け取りに行く

大家さんなどに荷物を預かってもらった場合は、早めに受け取りにいきましょう。送られてきた荷物が食べ物だったら、負担にならない程度におすそわけしてもいいでしょう

回覧板

早めに次の人へ

回覧板が回ってきたら、必要事項をメモして早めに次へ。次のお宅が旅行中などで留守の場合には、メモ書きをポストに入れて、その次のお宅に回しましょう

町内会

積極的に参加を

まず会長に、そこの地域のルールを聞きましょう。また、地域で行う地域清掃やゴミ当番には必ず参加して。都合でどうしても無理な場合は、地区の班長に事情を話してお詫びを。役員など、順番に回ってくる役割はできるだけ引き受けましょう

Memo

ご近所の困った!　こんな時どうする?

Case ▸ 1

毎日、うちの前まで
掃除をしてくれるお隣さん。
毎回申し訳ないので
お断りしたいのだけど…。

お宅の前も
枯れ葉だらけ。
はいておきましたよ

♛ Best answer

まずはお礼の言葉を。心苦しい場合は「ご一緒させて」と声をかけて。先回りをして自分が先にお隣さんの前まで掃除をしようと頑張ると、自分のお株を取られたようでかえって不機嫌になる人もいるので気をつけて。

留守にする時

お隣にはひと言伝えて

旅行や田舎へ帰省するなど、長期間留守にする時には、お隣にその旨を伝えましょう。ひと言伝えておけば、留守中でもお互いに安心です

おすそわけをする時

いただく時は素直に受け取る

返礼は「ありがとうございます」のひと言で充分です。お返しにあまり豪華な物は、相手が恐縮してしまいます。また、いただいて必ずお返しやお礼をすると、窮屈がられてしまうこともあるので注意

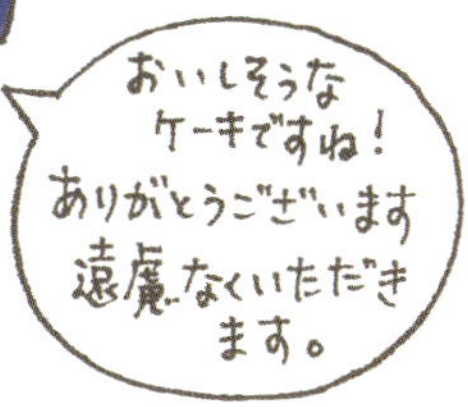
おいしそうな
ケーキですね!
ありがとうございます
遠慮なくいただき
ます。

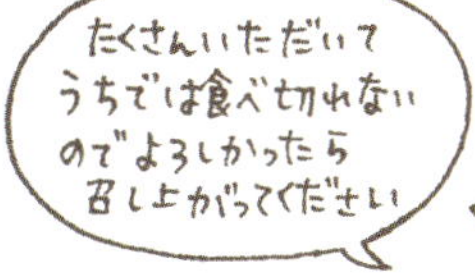
たくさんいただいて
うちでは食べ切れない
のでよろしかったら
召し上がってください

差し上げる時は負担をかけない

特に親しい間柄でないなら、理由がある時以外はお隣よりは会社や友達に持っていったほうが無難でしょう。差し上げる場合には、「たくさんいただいて困っているので手伝って」などと、相手の負担にならないようなひと言を添えて

Chapter 1-3 引っ越し時の注意点

引っ越して来た時のあいさつの仕方で、ご近所での最初の印象が決まります。笑顔を絶やさず、口うるさそうな人には特に感じよく接しましょう。

住んでいたところでは

寂しくなりますわ….
このたび、引っ越すことになりました。今までお世話になりました。

お別れのあいさつは2〜3日前までに

マンションの管理人、大家さんなど、引越し当日の荷物の運搬の際に迷惑をかける向こう三軒両隣には必ずあいさつを。あいさつはあまり早くしても餞別の心配をさせてしまうので、2〜3日前にすませるのがよいでしょう

引っ越し先

大家さんや管理人には連絡先を伝えて

転居後に届いた荷物などを預かってもらう可能性のある大家さんや管理人などには、念のため引越し先の連絡先を知らせておきましょう

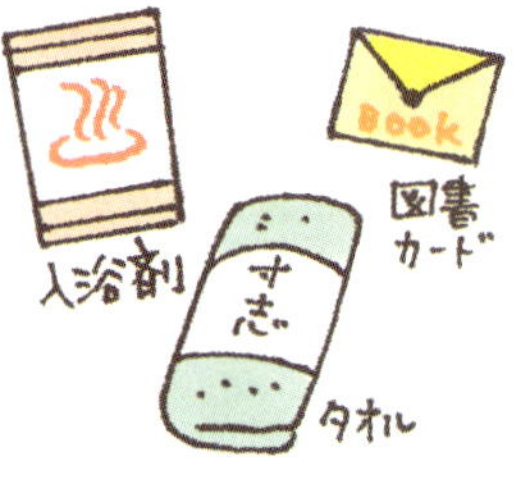
BOOK
入浴剤
す志
タオル
図書カード

ご近所への手土産はタオルや入浴剤、子供用に図書券など、餞別の心配をさせない程度の物がいいでしょう

Column
好感を持たれる＋αの言葉と行動⑤

近所の人と早く打ち解けるために

平凡なあいさつと笑顔

気の利いたことを言おうと無理するより、平凡でもいいので当たり障りのない“基本中の基本”のあいさつをしっかりしましょう。笑顔も忘れずに。

話題はポジティブに

例えば近くに公園があったら、「近所に緑の多い公園があっていい環境ですね」などと、昔からから住んでいる人にとってポジティブな話で会話を弾ませて。

訪問は夜8時まで

どの家でも忙しい朝や食事時などは訪問を避けましょう。夜の訪問は、夜8時までを目安に。

相手を警戒させない

人間は自分が理解できる範囲のことに対しては寛容になれるものですが、理解できないものには急に猜疑心が湧いてくるもの。わかりやすさを心がけ自分から心をオープンにして接して。

引っ越し先では

家の事情をある程度伝える

引越し先のあいさつは当日にすませます。深夜に帰宅することが多い、ペットや赤ちゃんがいるなど、生活習慣や家族構成をきちんと伝えておくこと。こちらがある程度、家の事情を話すことで、相手に安心してもらえます

「御挨拶」と書いたのしをつけ、500 ～ 1000 円くらいの品物を。お菓子やタオルなどが一般的

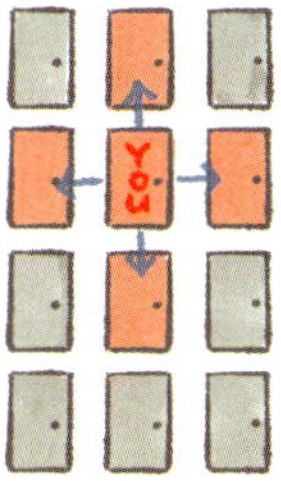

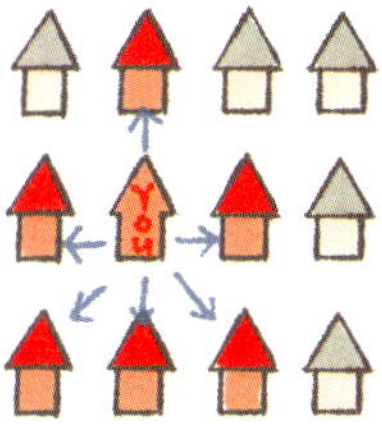

住居形態によって違うあいさつ回りの範囲

引越し先が集合住宅の場合、両隣と上下の階、一戸建ての場合は、両隣と向こう三軒、裏の家へ出向きましょう。その他、理事長や自治会長にもあいさつを

Chapter 1-4 マンション住まいのマナー

特にマンションの近所同士は、お互いに迷惑をかけず気持ちよく過ごしたいものです。日ごろのマナーが、近所づき合いのトラブルを未然に防ぐことができます。

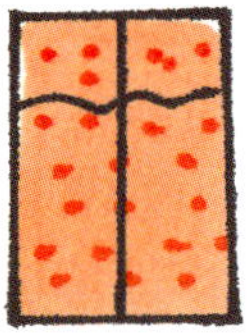

布団をたたく時は軽く埃を払う程度に

マンションの場合は特に、両隣や階下に埃を撒き散らさない配慮が必要です。軽く埃を払う程度に叩きましょう

楽器を持ち込む時は申し出ましょう

ピアノなど楽器可のマンションの場合であっても、練習は早朝や深夜を控え、特に休日の朝は遠慮します。夜は8時までにしましょう。また、持ち込む時は周りの人に事前に知らせて

ペットを飼う時は事前に知らせる

ペット可のマンションの場合でも、事前に周りの住人にアナウンスを。ペット用のシーツを干す時には、シーツについた毛を飛ばさないように。また、臭いには気をつけて。よくほえる犬は、夜間は家の中に入れるなどの配慮を

声やテレビの音は小さめに

夜9時を過ぎたら、テレビや音楽のボリュームは絞りましょう。特に電話では無意識に大きな声で話しがちなので、なるべく窓を閉めて話して

Memo

ご近所の困った！　こんな時どうする？

Case ▸2

夫婦ぐるみで仲よくしていた夫婦が離婚することに。その奥さん（だった人）を慰めてあげるにはどうしたらいい？

Best answer

時に“幸せなカップル”の存在は傷つくことがあるもの。つらい別れをした人は“まだ幸せを持続している夫婦”を見るだけでも、傷つくことは充分予測できます。放っておいてあげるのも親切。時間をかけ、自分なりに納得がいくまでは見守ってあげるのが一番です。

ベランダでのパーティーはひと言断りを

庭やベランダ、屋上でのパーティーは、はしゃぐ声や笑い声はもちろん、バーベキューをすれば、匂いと煙が発生するので、周囲に迷惑がかかります。パーティーをする際には、隣近所に断ってからにしましょう

家や庭の工事を行う時は周囲に伝えて

部屋のリフォームや庭の工事をする時には、周囲に音が響くので、あらかじめ伝えておきましょう

ゴミ出しのルールを守る

決められた収集日と分別方法を守ってきちんと出しましょう。生ゴミや生理用品は新聞紙にくるみ、使用済みの封筒、住所や名前が書かれたもの、下着などは細かく切って捨てます

床の音は階下に響くので気遣って

小さい子どもやペットがいる家庭では、足音が響きやすいフローリングはNG。じゅうたんやラグマットを敷きましょう。真下に住んでいる人と顔を合わせたら、うるさくないかを確認して

Chapter

1-5 噂好きの人との接し方

ところ構わず噂話をする人もいるでしょう。そんな中には、悪い噂も。極力、輪に入らないようにしたり、聞き流したりと、うまく避ける方法を考えて。

相手が不快に感じる態度はしないように注意

噂好きの人に偶然出くわしてしまう時は、たとえ苦手な人だったとしても、会った時に無視をしたり、嫌そうな態度をとったりしてはいけません。いつもと変わらず「こんにちは」と笑顔であいさつをしましょう

話を振られたらあいまいに

たとえ話を振られてしまっても、うっかり同調してしまうことは避けましょう。肯定もせず、否定もせず、あいまいな受け答えがベスト。違う話題にすり替えてしまうのも手です

悪い噂にはかかわらない

噂話、特に悪い噂にはつい好奇心から耳を貸してしまいがちですが、なるべく話題にかかわらないようにしましょう。話の流れが噂話に向かいそうな時は、タイミングを見計らって、その場を離れてしまいましょう

Check!

又聞きの話

自分のことでも他人のことでも、たとえそれがいい話であったとしても、間接的な噂話は、聞き流すのが無難

病気・身体の話

身体に関する話は立ち話にしては重い話題。聞いているほうも気持ちのいい話ではないので、話題にしないようにしましょう

ご近所さんとのタブーな話題

噂好きのご近所さんの口からはあらゆる噂話が出てきます。そんな中でも、するべきではないタブーな話題があります。タブーな話題が出てきた時には、テレビで話題のニュースや芸能ネタなど、噂好きの人たちが好きそうな、近所と関係ない話題にすり替えるようにしましょう。

無理なことはすぐにお断りを

答えを保留にすると、相手が代わりの人を探す機会を失ってしまいます。「むずかしいです」と伝えれば、言われた側はそれがほぼ断りの表現だと受け止めてくれるはず

たまにはおつき合いも大事

毎回断るよりは3～5回に一度くらいは参加したいもの。その際は「なかなか行けなくてごめんなさいね」とひと言添えて

なるべく接触を避けましょう

噂好きな人は“触らぬ神に祟りなし”が原則です。この人の出没場所や出没時間を把握してニアミスを回避して

どうにもならない理由をつけて

ランチやお茶会などの集まりに声をかけられた場合で断りたい時、その断り方が、ただ「行きたくない」では角が立ちます。夫の実家の法事や、子供の具合が悪いなど、どうにもならない理由をつけて、やんわりとお断りしましょう

人の呼び方にも気を配る

話の中であっても、「おじいさん」、「おばあさん」と呼びかけては失礼にあたります。「○○さん」と名前で呼ぶのがマナーです

家族の話

学歴や勤務先の話は、避けたほうがいいでしょう。一般的なおけいこ事や塾の話題などはOK。また、受験の話も神経質になっている場合が多いので注意します

Chapter

1-6 隣人への苦情の言い方

近所づき合いで角が立っては生活しづらくなるので、苦情は言いにくいもの。ですが、気持ちよく暮らすために自分の意見をきちんと言えるようになりましょう。

決闘です!
望むところだ!

× 個人的に攻撃すると、相手も逆ギレして揉め事に

あなたが
ルールを守らないと
みんな困るのよ
ゴミ

○ 個人的に注意せず、「みんなが困る」とお願いを

一対一の問題にしないようにする

町内掲示板や回覧板を利用したり、メモを郵便受けに入れたりするなど、個人攻撃をせずに対応しましょう

本当に
困っているんで
何とかして!
怒

× 自分の感情をむき出しにしてはいけません

ペットのふんを
片づけていただけ
ないでしょうか

○ 低姿勢でやんわりとお願いしましょう

いきなりけんか腰はNG まずは低姿勢で対応

苦情を受ける側は、自分が迷惑をかけていると気づいてない場合も。最初はやわらかい口調で、低姿勢でお願いする形にし、うまく話を切り出しましょう

相手の事情をある程度理解して

相手も迷惑をかけていると気づいていたり、後ろめたい気持ちがあるのかもしれないことを想像しましょう

× イライラしても、感情的にならないように

○ 自分の立場に置き変えて、相手のことを考えて

言い切りの形は避けお願いの姿勢で

後味が悪くならないよう、会話の最後に「よろしくお願いします」と、ひと言つけ加えて。それだけでニュアンスが随分違います

× 苦情だけを伝えるのは、後味が悪いのでNG

○ 「よろしくお願いします」のひと言が大事

言うタイミングをうまく見計らうように

相手が落ち着いていない時間帯などに言っても激怒されるだけ。相手の状況を考慮したうえで伝えましょう

× イライラ時に苦情を訴えても逆効果

○ 機嫌のいい時がグッドタイミング

Memo ▸ 2

困った子供には

小学生以上の子どもには直接注意してOK。それより小さい子どもには言ってもわからないので、親に言いましょう。

Memo ▸ 1

困ったペットの飼い主には

「あなたのしつけが悪い」よりは、「鳴き声が迷惑」、「臭いが困る」と間接的な言い回しで伝えれば、言われた相手が感情的にならずにすみます。明るい口調を心がけて。

Chapter 1-7

やっかいな人たちとのおつき合い

自分だけが正しい！　と思い込む傾向のある頑固者のおじさんや仲間意識の強いママ同士のおつき合い。気疲れしすぎないようにするには…。

頑固おじさんはこんな人

1 自分の考えや行いは正しいと思い込む。年齢や経験を重ねるごとにその思いが強まっていき、はたから見たら頑固な性格に

2 曲がったことが嫌いな性格。“長いものには巻かれろ”的ないい加減さについていけず、正しくて不器用な人

3 定年を迎え、趣味もなく、暇な時間を過ごしている。だから近所のことが気になり、みんなの役に立ちたいと思っている

Advice

厄介ごとをお願いしてみる

近所で困った人を注意したい時や、他に問題ごとがある時に相談してみると、正義感が強いので力になってくれるはず

自分から質問してみる

こういう人は裏表がないので、自分が正しいと思うことは教えてあげたいはず。何かクレームをつけられたら、「こういう時はどうしたらいいでしょう」などと逆に質問してみると親切に教えてくれたりします

奥さんに相談

女性は年齢を超えてわかりあえる場合も多いので、奥さんに相談してみるのも手。この時、おじさんの悪口をストレートに言ってはNG。「ご主人は正義感が強いようで…」などあくまでも、謙虚な言い方で

やっかいママはこんな人

探偵ママ

他人のことを根掘り葉掘り聞いてくるタイプ。あまりにうるさく聞いてくるなら、相手に同じように質問してみても

マニュアルママ

何事もマニュアル通りが好きな人。あまりに丁寧にされたら、とりあえず半返しするくらいの感覚で接して

お姫様ママ

自分がいい思いをするのは当然と思い込む自己中心的なママ。そんな姫ママの言うことは適当に受け流すように

ボスママ

最初のうちは誰に対しても気さくで面倒見がいい、リーダータイプ。見返りを求められてもうまく受け流して

PTA命ママ

PTA 活動が生きがい。子どもや特定の取り巻きに有利な形を作る。面倒な仕事を任せられたら少しの間、耐えて

ネガティブママ

グチや悩みなどが延々続く人。悩みを打ち明けるのが好きなだけなので、単に共感を表してあげるのが一番

居座りママ

他人の家に非常に興味があるので、一度家にあがると居座ってしまう。子どもたちを外で遊ばせるなどの対策を

ご一緒ママ

リサーチするのが好きで、何かと誘ってくれるイイ人。断る時は、理由をつけて「残念」という気持ちを込めて

勘違いママ

子ども同士が仲よしだから親同士も仲よしと勘違いし、相手にもそれを強要する。調子を合わせすぎないように

Advice

おもしろがる気持ちで

ママづき合いの面倒なところは、子どもがかかわっている点にあります。逆に子どもが間に入っていることで気まずさが薄まることも。また、双方の子どもの性格や行動によっても違ってくるので難しいものです。いろいろな親子がいるからおもしろいという前向きなスタンスで

Chapter2

楽しい時間を過ごすために 訪問・おもてなし時の素敵な振る舞い

出会ってから交流を重ね、親しい間柄になってきたら自宅へ招いたり、お呼ばれしたりと、お互いの家へ行き来することもあるでしょう。そんな時、大人としてのマナーを守って、楽しい時間を過ごしましょう。

Chapter 2-1 訪問の心得

目上の人や改まった場合はもちろん、親しい間柄でも突然の訪問はマナー違反なのであらかじめ約束をしてからうかがいます。訪問時は遅刻をしてはいけませんが、早めに行くのも失礼なので注意しましょう。

訪問前の準備

日時を決める

正式な形はまず手紙で来意を連絡し、後に電話で日時を決めますが、親しい場合は電話だけでOK

遅刻する時は必ず連絡を

10分以上遅れてしまう場合には、連絡を入れます。この時、言い訳がましい口調は避けて。約束の時間ぴったりから5分過ぎまでに到着するのがベターです

Memo

子供同士の訪問

日常の子ども同士の訪問に、特別なおもてなしは必要ありません。よその家に子どもを遊びに行かせる時も、基本は手ぶらでOK。おすそわけの品がある時には持たせてもよいでしょう。

Step1

訪問先に着いたら

目上の人のお宅や改まった場への訪問は、緊張がつきもの。事前にマナーを知っておけば、相手に失礼にならず安心です。

チャイムを押す前に身だしなみを整える

外でコートを脱ぎ、裏返しにたたんで腕にかけ、身だしなみを整えます。帽子やマフラー、手袋などを着用している時はこれらを外し、傘やレインコートがある場合は水滴がたれないようにふいておきます

名前を告げて明るくあいさつを

チャイムを押し、自分の名前を告げた後、ドアを開けて「こんにちは」とあいさつをし、「どうぞ」と言われたら入ります。出迎えの人にお尻を向けないよう、体を斜めにしてからドアを静かに閉めます。「ご無沙汰しております」など、ここでのあいさつは簡単に

玄関に上がる時は相手にお尻を向けない

玄関では正面を向いて下座側の足からあがります。床にひざまずき、靴の向きを変えて、下座側に寄せておきます。あがる時と同じく、靴をそろえる時も、応対者にお尻を向けないようにします。コートは部屋に持ち込まず、たたんで玄関脇に置くか、家の人に預けます

Memo

玄関の上座と下座

目上の方のお宅では玄関の上座と下座に注意。玄関は、げた箱側が下座ですが、応対者がいる場合には、応対の人がいる位置が上座、反対側が下座に。玄関では下座に立つのが礼儀です。

応対者がげた箱側にいる場合は、反対側が下座

応対者がいない場合は、げた箱側が下座

Step2

おもてなしを受ける

出されたものは遠慮せずにいただくと、もてなすほうは嬉しいもの。苦手なものは事前に伝えておくとお互いに不快になりません。

遠慮はせず好みははっきり伝える

おもてなしは遠慮せずにいただき、好みを聞かれたらはっきりと答えます。「どちらでもいいです」と言うのは、かえって相手を悩ませてしまいます。訪問の時間は、まずお茶をいただきながらお互いの近況話など簡単な話をし、その後に用件を明確に話しましょう

Memo

困った時のQ&A

Q 苦手な食べ物が出てきたら無理して食べないとダメ?

A 苦手な食べ物があったら、事前に伝えておきましょう。体質的に食べられないものは申し出てOK。そうでなければなるべくいただくようにします。

Q 訪問先で苦手な動物を飼っていたら?

A 事前に動物を飼っているのか聞いてみて、苦手な動物だったらその旨を伝えましょう。動物が客間へ来ないよう配慮してくれるはずです。

Q 食事を勧められたら?

A 訪問時は夜の7時を過ぎたらなるべくおいとまを。すでに食事の準備が整っている場合には好意を受けたほうがよいですが、前もって招待されていなければ、勧められても辞退しましょう。

Q 話題に困ったら?

A 上司など、あまり親しくない間柄の場合は、飾ってあるお花や壷など周囲にあるものの話題が便利。また、そのお宅で自慢にしている物の話を振っても。

Step3

おいとまを告げる

訪問先での長居は迷惑になりますし、帰ってほしくても、相手からは言い出しにくいもの。こちらからおいとまを告げましょう。

辞去のあいさつ

洋室では椅子の下座側に立ちます。和室では座布団の下座側に降り、丁寧にお辞儀をして辞去のあいさつを交わします

おいとまを切り出す

訪問は1時間くらいを目安にし、用件がひと通りすんだ頃合を見計らっておいとまを切り出します。必ず訪問した側から切り出すように。引き止められても、社交辞令だと受け止め長居は避けて

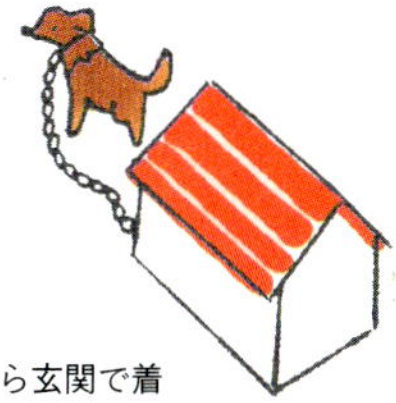

コートを着るのは玄関の外に出てから

コートは相手から勧められたら玄関で着ても構いませんが、基本的にはドアを閉めた後、玄関の外で着ます

靴をはき、スリッパの向きを換える

玄関先で再度簡単にあいさつをしたら、スリッパを脱いで靴を履きます。脱いだスリッパは、向きを換えて上がり玄関の脇に置きましょう

Memo

おいとま宣言をしたら長居は禁物!

「失礼します」と言ってから居間で30分、廊下で15分、玄関でまた30分と、玄関を出るまで1時間以上かかる人がいます。おいとまを宣言したら、引き止められても帰るように。10分以上はとどまらないよう心がけるのがスマートです。

Chapter
2-2 訪問時の手土産

お呼ばれした時、手土産は何をお持ちしようか、悩む人も多いでしょう。基本的には相手の好みに合わせ季節の物などを持っていくといいでしょう。

事前に確認しておくこと

相手の好みを前もって聞いておく

嫌いなものや苦手なものは相手を困らせてしまいます。相手の好みを前もって聞いておくのがベター

訪問先の家族構成や年齢を確認

夫婦二人で暮らしている方にたくさんの物を持って行ったり、ダイエット中の方に甘いものを持っていかないよう、事前のリサーチは重要です

Memo

手土産のスマートな渡し方

手土産は相手と正式なあいさつをすませた後に渡します。紙袋を取り、品物の正面を相手に向けて、両手で差し出します。「おいしそうなお菓子を見つけましたので…」などひと言添えるといいでしょう。空袋は自分で持ち帰るのがマナーです。

おすすめの手土産

上司の家に行く時は

奥様が喜びそうなキッチングッズなどを贈っても。ただし、好みがあるので、事前に上司にリサーチをすること

思い出の品を持参する

相手が写っている写真をきれいなフォトフレームに入れて渡すなど、ひと工夫した手土産も意外と喜ばれます

彩豊かな季節の花を

どんな女性からも喜ばれるのは花束でしょう。季節のフラワーアレンジメントを持っていくと失敗がないはず

気を付けたほうがよい手土産

訪問先の家の近くで購入

訪問先の近所の店で買うと間に合わせの印象を与えてしまいます。お酒ならば近所で買ってもよいと思いがちですが、包装などでわかってしまうことがあるので避けましょう

手作りのものを持参する

よほど味に自信があったり、親しい間柄などでない限り、手作りのものは避けたほうがいいでしょう。相手の口に合わなかったり、暑い時期は食中毒の心配もあります

日持ちしないものは避ける

よくケーキを持参する人がいますが、実はこれは避けたほうが無難。生ものは賞味期限があり、もらった側は慌てて食べるはめに。なるべく日持ちするものを用意しましょう

Chapter

2-3 おもてなしの心得

来客にとって、最大のおもてなしは、居心地のよい雰囲気です。大事なお客様に対して失礼のないように出迎えからお見送りまで、細やかな心配りをしましょう。

お客様を気持ちよくお迎えする準備を

お客様をお招きする時には、部屋の隅々まで片付け、事前にきちんとおもてなしの準備をして気持ちよくお迎えしたいものです。自宅の中だけでなく、外も掃き清めます。掃除が大変と思わず、お客様をお迎えするのが、大掃除をするいい機会と思い、隅々まできれいにしましょう

Memo

掃除は隅々まで気を配る

●お茶とお茶請け

コーヒー、紅茶、日本茶など、お客様の好みに合わせて、お茶菓子と一緒に、すぐに出せるように準備しておきます。

●トイレ

便器や洗面台の汚れも隅々まできれいにし、トイレカバーやタオルを新しいものに替えておきます。紙の補充も忘れずに。

●入り口周辺

門回りや入り口周辺もキレイにします。

●玄関

玄関は靴を整理整頓して、スリッパを用意しておきます。

●客間

室内を清掃し、お通しする部屋が和室なら座布団を敷き、洋室なら椅子のカバーやクッションを整えます。部屋の温度も適温に調整しておきます。

Step1

お迎えする

玄関のチャイムが鳴ったら、お待たせせず、すみやかに対応します。歓迎の気持ちを表し、笑顔で迎えましょう。

玄関で明るく笑顔でお出迎え

チャイムが鳴ったら明るく返事をして、手早く身なりを整え、玄関へ向かいます。なるべくお待たせしないように。「お待ちしておりました」と明るい笑顔で迎えます

まずはコートを預かる

お客様が靴を脱ぐ前にコートや荷物などを受け取り、スリッパを勧めます。この時「ようこそ、おいでくださいました」などの言葉をかけて

先に立って客間に案内する

お客様のほうに少し身体を向け、身体を斜めにして振り返りながら、お尻を向けないようにして「こちらへどうぞ」と先に立って案内します

洋室の場合

手前に引くドアなら、外でドアを押さえてお客様を先に通し、押すドアなら自分が先に入って、部屋側のドアノブを押さえながらお客様を招き入れます

和室の場合

襖を開けてお客様を部屋に通します。改まったお客様には、膝をついて襖を開けましょう

Step2

おもてなしをする

客間に通したら、お客様に上座を進め、改めてあいさつを。手土産をいただいたら、気持ちよく好意を受け取りましょう。

手土産のいただき方

手土産を差し出されたら、お礼を言って両手でいただき、床の間やテーブルの上に置きます。洋室の場合は、立ってお辞儀の姿勢で受け取ります。受け取った手土産はその場に置いておかず、奥に持って行きましょう

お茶とお菓子の並べ方

お客様側から見て、左にお菓子、右にお茶を置きます。おしぼりを出す場合は、一番右側になるようにします

お茶の運び方

おしぼりを最初に出し、お茶とお菓子はお盆に乗せて運びます。茶托と菓子皿は、ひとつずつ丁寧に両手で持って、お客様の前に並べます

Memo

困った時のQ&A

Q お茶のおかわりはいつ頃出す?

A 30分くらいを目安に、訪問の間に1〜2回程度、おかわりを勧めます。飲みかけのお茶はいったん下げて、新しい食器にお茶を入れ直します。

Q いただいた物をその場で出していい?

A 本来ならばいただき物をその場で出さないのがマナー。先方がすぐに開けてほしいという意思表示をしていれば、「おもたせですけど…」と言って一緒にいただいてもよいでしょう。

Step3

お見送りをする

お客様を気持ちよく迎え入れたら、お見送りの時にもまた来たいと思ってもらえるように応対しましょう。

目上の人は外までお見送りを

玄関でお見送りする場合、お客様が去った後ですぐに鍵をかけたり、大声で笑ったりするのは失礼です。門まで送る場合は、姿が見えなくなるまで見送りましょう。改まったお客様なら門の外まで、マンションの場合はエレベーターのところか、下まで見送りましょう

玄関での応対

必要な場合は靴べらを差し出し、お客様が靴を履き終えたらコートを玄関で着ていただきます。「どうぞこちらでお召し下さい」と相手が着やすいように、広げて手渡しましょう

Memo

困った時のQ&A

Q おいとまを切り出されたら引き止めるべき?

A お客様が「そろそろ」と言ったら、一度は「もう一杯お茶はいかがですか」と自然に引き止めるのが礼儀。ただし無理には引き止めないように。

Q 長居され早く帰ってほしい時は?

A 相手に失礼にならない範囲で、「お時間は大丈夫ですか」などの、長居しすぎたな、と感じさせそうな言葉をかけてみて。目上の人でなければ「○時から用事がありますので…」などと単刀直入に言っても大丈夫です。

Chapter
2-4
訪問&おもてなし時に覚えておきたいこと

友人の自宅へ招かれた時、友人を自宅へ招いた時、どこに座るのが正しいのか？　スマートなお茶のいただき方は？　覚えておきたいマナーをおさらいします。

席次

訪問先で、またはお客様をお招きした時に、上座・下座を知っておけば、どこに座るのか迷わずにすみます。

床の間のない場合

床の間のある場合

和室

床の間の前が上座、出入口に近いほうが下座になります。床の間の構造や仏壇の有無によっても席次が変わるので気をつけて

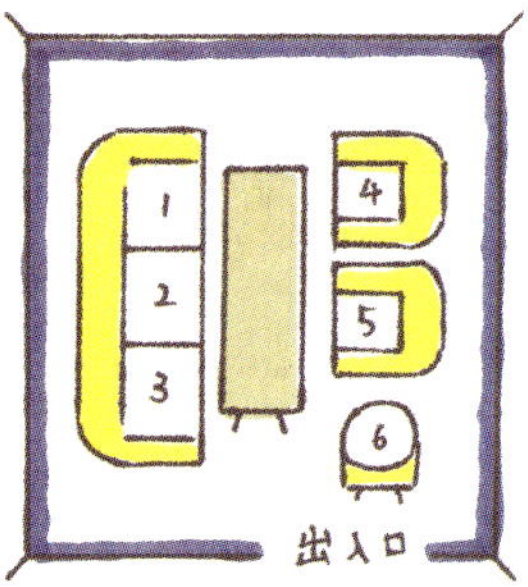

応接セットがある場合

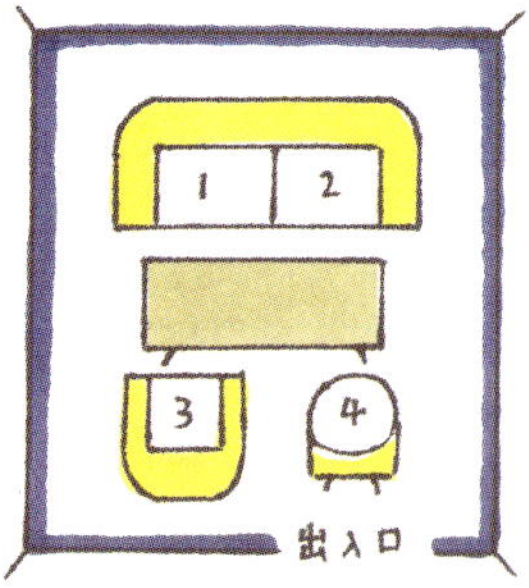

洋室の場合

洋室

入口から一番遠い場所が上座、近い場所が下座になります。応接セットがある部屋の席次は、ソファ、一人掛けのアームチェア、アームのないチェアの順番。右と左では、入口から見て左側が上座です

お茶のいただき方

訪問先で出されたものをいただく時、美しい所作で優雅にいただきましょう。

日本茶

1

左手を茶碗に添えて右手でふたのツマミを持ち、茶碗の縁でふたの裏のしずくを落とします

2

左手を添えてふたを裏返し、茶碗の右側にあおむけに置きます

3

左手を茶碗の底に添えて、お茶を飲みます

4

飲み終えたら、ふたをして元に戻します

コーヒー・紅茶

1

砂糖やミルクを入れて、音を立てないようにスプーンでかき混ぜます。レモンや角砂糖を入れる時は、一度スプーンに乗せてから

2

使い終えたスプーンはカップの向こう側に置きます。レモンを入れ、取り出す時はすくい上げて、乗せたまま向こう側に置きます

3

カップの持ち手を右手で持って飲みます。カップが手元から離れたところにある時は、反対の手でソーサーを持ちましょう

Chapter3

仕事場でのおつき合い

少しの心遣いで気持ちのよい職場環境を

社内外問わず、ビジネス社会はさまざまな人間関係で成り立っています。それだけに、マナーやルールを守ることが大切です。気遣いや心遣いをプラスして、心地いい環境を作りましょう。

Chapter 3-1

あいさつと言葉使い

日常生活ではもちろん、ビジネスでもコミュニケーションの基本となるのはあいさつです。仕事を円滑に進めるためにも、自分から率先して気持ちのよいあいさつをしましょう。

社内での基本のあいさつ

出社したら
「おはようございます」

外出する時
「行ってまいります」

外出から戻ったら
「ただいま戻りました」

外出する人に
「いってらっしゃい」

外出から戻った人に
「お疲れ様でした」

退社する時
「お先に失礼します」

退社する人に
「お疲れ様でした」

Memo

会社や業界によって違うルール

業界によっては、夜がコアタイムの会社もあります。出社した時間が朝でなくても「おはようございます」という場合も。会社や業界により言葉の使い方やルールが違うことを知っておきましょう。

あいさつの心得

すれ違うときは会釈して

社内の廊下やランチタイムなどの外出で、社内の人とすれ違う時は、軽く会釈をします。急いでいても、あいさつなしの素通りはNG

あいさつは自分から

会社に到着し、社内に入ってから自分の席に着くまでに、顔を合わせた人には自分から「おはようございます」と元気よく声をかけます

社外の人にもあいさつを

あいさつは社内外問わず行いましょう。来社したお客様や、よく顔を合わせる宅配業者、清掃業者の人にもあいさつするとよいでしょう

明るくはっきりと

声が小さくて聞き取れなければ、暗い印象を与えることもあります。明るく大きな声を心がけましょう。笑顔も忘れずに

Check!

言葉遣いのポイント

呼び方に注意

取引先の方がいる場合でも、日頃の人間関係がそのまま出てしまうことがあります。上司を呼ぶ時は、「弊社の○○が」と言うのが正しく、「さん」付けしないようにしましょう。また、上司に気を取られ、お客様への配慮を忘れないように。

口癖を直す

プライベートで使っている言葉が、オフィスでは適さない場合が多くあります。普段から口癖のように「ていうか」や「超」などを使っている人は、上司やお客様の前ではこうした言葉が出ないように。きちんとした言葉づかいで印象アップを心がけましょう。

Chapter
3-2

ビジネスの基本、「ほう・れん・そう」

仕事を進めるために欠かせない「報告」、「連絡」、「相談」。タイミングと正確さが重要なポイントです。忙しそうな上司への報告はひと言添えて印象アップ！

報告［ほう］

A社の件で
ご報告です

まずは結論から 経過は手短かに

「今、○○のご報告をしてもよろしいでしょうか」と相手の都合を確認します。担当している案件や頼まれている作業の進捗などを報告。結論をはっきりさせてから、細かい経緯を説明していきます。複雑な内容や記録は、報告書を作成しましょう。指示された仕事が終わった時や、長期の仕事の場合は中間報告を怠らないように

外出先でトラブルが 発生したら…

外出先で問題が発生したら、まずは電話で手短かに報告します。帰社してから、詳しくトラブルの経緯を説明しましょう

Check!

報告すべき場面

- 指示された仕事が終わった時
- 長期の仕事は中間報告をする

Memo ▸ 1

“必ず直属の上司から”が基本

直属の上司に決定権がない場合でも、その上の上司にかけあうのはNG。部下への指示も同様です。二重の指示を防ぐためにも、必ず直属の上司に話しましょう。

Memo ▸ 2

プライベートな相談は勤務時間外に

仕事以外の相談をしたい場合は、周りの目が気になるもの。「ご相談したいことがありまして、お時間いただけますでしょうか」と伝え、二人で話したい意向を伝えましょう。

連絡［れん］

現状に問題ない場合でも連絡を

進行中の案件が現在どのような状況にあるか、作業を一緒に進めている上司や同僚、部下などに適宜連絡します。問題がない場合でも、メモやメールでもいいので連絡を怠らないように。つつがなく進行していることを報告することで、上司は安心します。また、担当者不在時に電話を受けた場合も、電話があった旨の連絡とともに用件を忘れずにメモに残し、伝えます

相談［そう］

判断に困ったらすぐに上司に相談

わからないことや困ったことが起こったら、まずは上司に相談します。「今、お時間よろしいでしょうか」など、クッション言葉を使い、相手の都合にも配慮します。相談のタイミングが遅いと「今さら…」と言われることも。もし遅くなってしまった場合は「もっと早く相談すればよかったのですが…」とひと言添えてから切り出すようにしましょう

Chapter

3-3 電話の対応

電話は相手の都合におかまいなしに、呼び出します。また相手の表情が見えない分、言葉づかいや内容には注意が必要。会社を代表しているという意識を持って爽やかに電話の受け答えをしましょう。

かける時

「○○社の○○です。×× さんいらっしゃいますか」

早朝や深夜の時間帯は避け、名乗る時は所属を加えます。電話に出た人を知っている時は、簡単なあいさつをしましょう

「お忙しいところ恐縮ですが伝言をお願いできますか」

伝言はゆっくり正確に。内容は復唱すると相手にメモをうながすことができます。用件は簡潔に、こちらからかけ直す場合は、相手の帰社時間を聞いておくといいでしょう

「お手数ですが、よろしくお願いいたします。それでは失礼いたします」

伝言内容が相手に伝わったかを確認します。また、「失礼ですが」と言って、伝言相手の名前を聞いておくことで後の「言った」、「言わない」のトラブルを防げます

Memo▸1

電話が切れてしまったら…

操作ミスや携帯電話の電波状況で電話が切れてしまった時は、その原因がどちら側にあったのかにかかわらず、はじめにかけたほうがすぐにかけ直します。

Memo▸2

相手の声が聞き取りにくい時は…

「申し訳ございません。お電話が少々遠いようなのですが…」とやんわり伝えます。

受ける時

「はい、○○社です。△△はあいにく○時まで外出しております。こちらからおかけ直ししましょうか」

電話がかかってきたらなるべく早く出ます。出るのが遅くなってしまったら「お待たせしました」とひと言添えて。先方には、外出先などはあまり詳しく教えないのがマナー。本人に断りなく携帯電話の番号をむやみに教えず、「折り返しお電話させます」と伝えます

「○○の件は、○時に変更ですね。申し伝えます」

伝言の内容は必ずメモを取ります。また伝言の内容は復唱して、相手に確認してもらいましょう。特に数字やメールアドレスなどは間違えるとトラブルになりますので、気をつけましょう

かけた側が先に切る

かけた側が先に切るのが基本ですが、相手が明らかに目上の人の場合は、先方が先に切るのを待ってから切るようにしましょう

Chapter
3-4 来客への対応

会社に訪れる取引先や顧客に対しては、たとえ自分が直接かかわっていなくても丁寧な対応を心がけましょう。受付のない会社では特に笑顔で迎えて。

ただいま
○○が参り
ますので、
お待ちください
いらっしゃい
ませ
○○社の
△△様
ですね

ご案内

エレベーターでは先に乗り、後で降りる

エレベーターでは「失礼します」と断って先に乗り、開ボタンを押します。降りる時は「こちらでございます」と言って開ボタンを押し、先に出てもらうようにします

向かう方向を指しながら誘導

お客様の1～2歩先を歩き、時々、振り向いて「こちらでございます」と手で向かう方向を示しながらご案内します

お出迎え

「いらっしゃいませ」が基本

立ち上がって笑顔であいさつします。口角を軽くあげて、にっこりと感じよく

明るいあいさつを

取引先の方なら「いつもお世話になっております」とあいさつをします。相手が名乗らなかったら、「恐れ入りますがどちら様でしょうか」と尋ねます

おもてなし

「どうぞ」とひと言添えて

お茶は、お盆の上に乗せて運びます。テーブルにお盆を置き、ひとつずつ茶托にのせてから出します。来客を先に、社内の人には最後に出します

お盆は胸の高さに持つ

お茶を出す時は、前や遠くからの場合は「失礼いたします」と言ってから置きます。この時、邪魔にならないところへ置きましょう。取り替える時は「お取り替えいたします」、勧める時は「どうぞお召し上がり下さい」など、ひと言添えることを忘れずに

お見送り

エレベーターの前まで見送る場合

エレベーターの扉が開いたら「どうぞ」とお客様を促します。「こちらで失礼させていただきます」と頭を下げ、ドアが閉まる直前に再度会釈をし、目を合わせて、にこやかに見送りましょう

玄関先まで見送る場合

大事な得意先や年長者の場合は、玄関先まで見送りましょう。あいさつをした後、相手の姿（車）が見えなくなるまで見送ります。あいさつがすんだからといって談笑したり、すぐに社屋に入るのはNG

来客を先に部屋へ通す

部屋へ入る時は「どうぞ」と言って来客を先にお通しします。ドアが内開きの場合は先に中に入ってから招き入れましょう。部屋に入った後は、「そちらへどうぞ」と言って、上座の席を勧めます

Check!

応接室や会議室での席次を覚えておこう

応接室での席次

応接室ではドアから遠い席が上座になります。一般的にひじ掛けと背もたれのついた長椅子がお客様用です

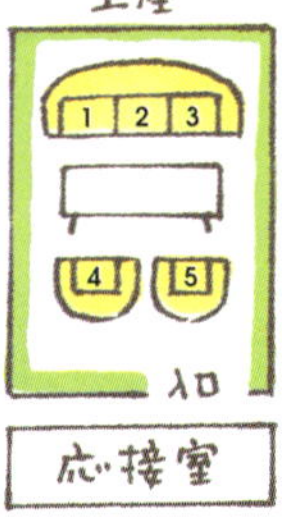

会議室での席次

入り口から遠いほうの真ん中の席が上座で、次が入り口から遠いほうの席になります

Chapter
3-5 訪問する時

会社を訪問する時に適度な緊張は必要ですが、おどおどせず堂々と。あいさつは明るく笑顔を忘れずに。帰る時も、すぐに気を抜かず緊張感を保ちましょう。

事前準備

アポイントを取る

訪問の前に相手にアポイントを取っておくのが社会人のマナー。訪れる日時が決まったら必ず復唱して、お互い間違いがないようにします

受付

丁寧なあいさつを

受付ではこちらの名前、会う約束になっている人の名前を告げて取り次いでもらいます。受付がない場合は「失礼します」と周りの人に声をかけて

時間に遅れそうな時は…

約束の時間に遅れてしまいそうな時は、電話で先方に連絡を入れます。まずはお詫びをし、どのくらい遅れそうなのかを伝えます。遅れることにより相手の都合がつかなくなってしまう場合は、日を改めます

Check!

名刺交換のポイント

初対面の人同士を紹介する時は目下からが基本。その後、名刺交換をします。名刺は大切なビジネスツール。相手に失礼がないように扱います。

担当している仕事やひと言加えると印象的

自己紹介する時は、名刺に加えて現在担当している仕事や、相手に知っておいてもらうとよさそうなことを添えると、覚えてもらいやすく効果的。

渡し方

❶目下の者から名刺を出す。必ず立ち上がって

❷右手で名刺を持ち、左手を添えて自己紹介する

❸名刺を渡したら、「よろしくお願いします」とあいさつして、一礼

入室

ありがとう
ございます

案内してくれた人にお礼を

部屋に案内してくれた人にお礼を言って、「失礼します」と部屋に入ります。携帯電話は電源をオフにするか、マナーモードにします

こんにちは
よろしく
お願い
いたします

立ち上がってあいさつを

初めて会う相手には自己紹介し、名刺交換をします。打ち合わせたいことがたくさんある場合は、「今日は何時ごろまでお時間いただけますか」と相手の予定を聞いておきましょう

退室

打ち合わせ後、すみやかに帰る

次回のアポイントが必要であれば、約束してから帰ります。相手が見送りをしてくれる場合、「こちらで結構です」と遠慮しましょう

いったんしまった名刺を取り出して見るのは失礼

名前を忘れてしまうこともあるので、名刺は机の上に置いておきましょう。席を立つ時は、名刺を忘れずに。

受け取り方

❶名刺は必ず両手で受け取ります。相手と同時に差し出した場合、片手で受け取ることになりますが、相手が名刺を受け取ったら、空いた手を添えます

❷受け取った名刺はすぐにしまわず、机の上に置いておきます

❸相手の名前が読めない時は「失礼ですが、なんとお読みするのでしょうか」と聞きましょう

Chapter 3-6 社内の困った人との接し方

職場にはさまざまな人がいます。そんな中には、困った上司や同僚などもいるかもしれません。上手に受け流すテクニックを身につけ、“仕事の張り合い”と割り切って乗り切りましょう。

詮索好きな同僚には…

詮索好きな人はこんな人

ひとつは自分に自信があるタイプ。“勝っている”という根拠のもと、自分が持っているものの価値を再認識したいという欲求があります。もうひとつはその反対に、コンプレックスがあり相手のことを詮索して、確認しなければ不安で仕方がないというタイプ。自分のことを話すのが前者、後者は秘密主義の場合が多いです

受け流す気持ちで対処

聞かれたくない恋愛のことを聞かれたら、「そういえば女優の○○とお笑い芸人の○○が結婚したね」などと、ワイドショーネタなどにすりかえてしまいましょう。このネタで盛り上がれば、はじめの恋愛話は立ち消え、最終的に“おもしろい人”という印象で話を終えることができるでしょう

Memo

困った上司の誘いを断る口実

実家に帰らなきゃ…

相手の面子のためにも“断るもっともな理由”を作ることが肝心。実家の口実は強い味方です。

ネコが心配で…

ペットを飼っている場合、普段から会話の中にかわいがっているようすを散りばめておいても効果的。

お稽古ごとが忙しくて…

真剣に取り組んでいる習い事があれば、「今日は練習の日」、「発表会がある」と断る理由が作りやすいです。

セクハラ上司には…

二人きりになるような場面は極力作らない

食事に誘われても、嫌な場合は断る勇気が必要です。本当は嫌なのに、我慢していると「嫌だと言わなかったじゃないか」と、後々揚げ足を取られかねません。毅然とした態度で接しましょう

服装・態度などで油断やスキを見せない

断られそうもない相手だと軽く見られているのと、人気があるのとを混同してはいけません。服装や態度をきちんとすることで、不快な扱いを受けることは格段に減るはずです

困ったら配置替えや異動願いを

課長の態度に問題があれば部長に相談。部長なら専務に…というように、その相手が一番弱い相手に「相談する」と宣言するのもひとつの手。配置替えや異動願いも効果的です

うるさいお局上司には…

神経質で気がつくタイプ

自分自身がよく気がまわるので、裏の裏まで勘ぐることも少なくない。その結果、意地悪な言動になりがち

自分のやり方以外受け付けないタイプ

人が自分と違う考えや言い方をすることが我慢ならないので、支配下に置くためにあえて意地悪をする場合が

親身に上司の話を聞いてみる

お局様たちは、あなたよりも社会経験が長いことからも、自分のやり方を教えたくて仕方がないのです。とにかく、嫌な顔をせず、聞いてあげることが大事です

一番うるさい人の懐に飛び込む

とりあえず、お局様の手中にあるフリをすればいいのです。相手にチクチクやられるより、直接指導を仰いでしまったほうがラク。そのやり方通りにするかどうかは、聞いた後にゆっくり考えましょう

Memo

ある日、お局様の気持ちがわかるように

20代前半はよく、30代のお局上司から難癖をつけられた経験があるでしょう。いざ自分が30代になって部下と接する姿を振り返ってみると、「もしかしてお局として難癖をつけているように見える!?」ということも。このように、30代になって初めて、先輩の言葉の意味を理解することできるようなったり、感謝するようになることもあるのです。

Check!

社内・社外の人との接し方

仕事場で気持ちよく仕事をするために、人とのつき合い方はとても重要です。立場が違う多くの人が集まるビジネスの場で、それぞれの立場にあった接し方を覚えましょう。

社内 [同僚]

呼び方に気をつけて

プライベートでおつき合いする同僚も仕事場では〝さん〟づけを忘れずに。あくまでも公私の区別をきちんとつけましょう

年齢より勤務年数

年齢より勤務年数を優先。ビジネス上では勤続年数が長いほうが先輩。たとえ年下でも礼儀をもって接しましょう

いじめ体質の先輩には…

いじめには何かしらの理由があるはずです

いじめには何かがきっかけで悪意になったという、一面が隠されている場合があります。相手の気持ちや立場を考えず、自分の都合だけで仕事を進めていないか。気づかないうちに、相手のコンプレックスを刺激するような話をしていないか。もしかして、上司や男性の先輩に対する時に声色や態度を変えていないかなど、まずは自分の言動を客観的に振り返ってみましょう。嫌なことをされても、自分を振り返るいいチャンスと前向きにとらえ、これを乗り越えて、一歩成長しましょう

場を読むことが大事

先輩にいじめられても、自分だけが被害者だと決めつけないようにしましょう。いじめるには何か訳があるはずです。まずは、自分を見つめ直し、きちんと効率よく仕事をこなせるよう努力することが先決です

社内 [上司]

上司への気配りを

上司を立て、機転を利かせ、いつも一歩先に動きましょう。タクシーをつかまえる、切符を買うなど、進んで行って

すぐに報告

ミスに気づいた時は、すぐに上司に報告。社内外に迷惑をかけないためにも隠さないこと

社外

社内事情は話さない

社内の人間関係、極秘情報や上司の悪口などは、社外の人には決して話さないように

プライベートは慎重に

仕事場でのおつき合いはあくまでビジネス上のもの。取引がある会社の人との個人的なおつき合いは慎重にしましょう

連絡なしの宅配便はNG

夫の都合で転勤になり、お世話になった夫の上司へ転勤先から、名産品とともにお礼状を添えてお送りしたところ、上司が大変怒ってしまったという話があります。さて、どうして怒らせてしまったのでしょうか。理由は、宅配便に手紙を同封してしまったから。宅配便を送る時は、手紙か電話で事前に送ることを伝えておくのがマナーです。さほど遠くない場合は、特に目上の人なら直接足を運んで顔を見せることが大切。直接の感謝の言葉が、何よりのお礼です。

看病している人への配慮を忘れずに

入院のお見舞いは、本人への気遣いはもちろん必要ですが、看病している人や病院の状況にも気を配りましょう。贈り物を持っていく時には、その病室ではお花を飾ってよいのか、食事制限をされていないか、病院の面会時間は何時までなのかなど、しっかりと事前にリサーチしておけば、看病している人への印象もよいはず。看病している人は、時には患者以上に心身ともに疲れているもの。その人の気分がよくなることで、患者さんの気分もよくなるものです。

第二節

親しい人ともっと親しくなるつき合い方

家族や親戚同士、友人や恋人同士は
身近な存在だからこそ、おつき合いの難しさがあります。
ちょっとした気遣いで親しい人ともっと心を通わせられる…
そんなやり取りのコツを身につけましょう。

Chapter1

身近な存在だからこそ
大切にしたい

実家・親戚とのおつき合い

Chapter2

いつまでも大切にしたい
頼れる存在

友人とのおつき合い

Chapter3

行動を起こして
出会いの可能性を広げよう

異性とのおつき合い

Chapter1

身近な存在だからこそ大切にしたい

実家・親戚とのおつき合い

結婚により、密なおつき合いをしていくことになるのが相手の実家や親戚。自分から積極的にコミュニケーションを図って円満な関係を築いていきましょう。

Chapter 1-1 実家へ里帰りする

節目節目の時期には、相手の実家へ出かけることもあるでしょう。ここで、あなたの印象をよくしておけばその後、義父母との関係も良好でいられるはずです。

お父さんは
巨人ファンよ

夫（妻）の実家のことを事前に教え合う

夫（妻）にあらかじめ、実家の情報をよく聞いておきましょう。義父母の近況や趣味などを聞いておけば、当日、話題に困ることも少ないでしょう。もし夫（妻）の意見があれば、素直に聞き入れるとうまくいくでしょう

手土産を持って近況報告を

正月や盆のどちらかには、可能な限りお互いの実家へ里帰りを。地元の名産品を手土産に、両親や兄弟たちと近況報告を楽しみましょう

Check!

はじめて夫（妻）の実家へ行く時の注意点

大切な相手の実家へ初めて訪れる時は、彼のためにも、自分のためにも礼儀をわきまえた振る舞いを心がけたいもの。何より、第一印象が肝心です。

自己紹介

自己紹介は最も大切なポイント。明るく、丁寧なあいさつとお辞儀で第一印象が決まります。「はじめまして、○○○子です」とシンプルなあいさつで十分。この時、笑顔も忘れずに！

はじめまして
佐藤詩織と申します

Memo

実家での過ごし方

なるべく夫婦一緒に行動

あなたの実家でパートナーが心おきなく話せるのは、あなたしかいません。帰省先ではできるだけ一緒に行動するよう、心がけましょう。

実家ではお客様扱いしない

実家で「何もしなくていいよ」と言われても、何もせずにじっとしているのは、居心地が悪いものです。できそうなことには参加してもらい、できるだけ手伝ってもらいましょう。

兄（弟）夫婦が同居の場合

兄（弟）夫婦が同居していて、家族で1 週間ほど泊まる場合には、食費として1、2万円程度包んで渡してあげましょう

家に着いたらお礼を

相手の実家に行くだけで、何かと気疲れするもの。家に着いたら、相手にきちんと感謝の気持ちを伝えましょう

“完璧”を目指さなくて大丈夫

相手の実家で緊張するのは当然ですが、「気に入ってもらわないと…」などという気持ちが強すぎて無理をすると、逆に関係がぎこちなくなります。夫（妻）の実家とは、心地良い距離感を保つとうまくいきます

食事

食事を用意された場合は、遠慮することなくいただきましょう。「おいしいです」のひと言を忘れずに。また、苦手なものが出されたら「小さいころから苦手で…。申し訳ありません」と箸をつけなければよいのです

言葉遣い

気をつけたいのは、普段、彼との会話の中で使っている言葉。「マジ？」、「ヤバイでしょう」など、汚い言葉や流行言葉はNG。また、彼の呼び名についても注意を。「○○ちゃん」ではなく、「○○さん」と呼びます

会話

話をする時は、お父さん、お母さんの順に声をかけます。また、話しかけづらいからといって、ご両親に対する質問を彼に振るのは間違い。直接、本人に質問しましょう

Chapter

1-2 親戚づき合いのあれこれ

義父母以外の親戚でも何かと口出ししてくる親戚は必ずいるもの。注意すべき親戚のタイプと、おつき合いの場について知っておきましょう。

困った親戚のタイプ

しきたり重視の“うるさ型”親戚

しきたりや上下関係にうるさい。特に身内が一堂に集まる結婚式で本領を発揮。夫（妻）から親戚内人脈図のような前情報をもらっておくこと。つき合い方に関しては、夫や義父母に相談して

支配的な“男尊女卑”の舅

身内の女性に対して、自分勝手で支配的な舅。反面、実は小心者。いばりたいだけなので、適当に聞き流しておきましょう

子どもを比較する“張り合い”小姑

自分とあなたの子どもの成績や習いごとなどを比べ、闘志をむき出しにするタイプ。相手の挑発に乗らないことが大切。小姑が興味を持ちそうな無難な話題を持ちかけて

何だか気になる“プチ意地悪”小姑

お兄ちゃん（弟）を取られたくないと感じる小姑。未婚の義妹は特に、兄夫婦が気になってしまうのかもしれません。意地悪は、時には寂しい気持ちの表れ。小姑が寂しくならないように心配りを

親戚とのおつき合いの場

葬式

仕事上の都合がある場合には、通夜か告別式のどちらかに出席すればOK。また、相手が夫婦どちらかの親戚で、出席に迷った場合には結婚式に招いたかどうかで判断します

結婚式

出欠については、日頃のおつき合いの程度と、あなたと近しい間柄かどうかで判断しましょう

[お祝い金の目安]
いとこ…3万円　甥、姪…5万円
兄弟、姉妹…5万～10万円

食事会

親戚が一堂に会す機会があれば、できるだけ交流を持つようにしましょう。でも、自慢話をしたり結婚などの噂話をしたりするのは避けて

お中元・お歳暮

基本的には親戚に贈る必要はありませんが、お世話になっている場合には日頃の感謝の気持ちを込めて贈ると喜ばれます

[お歳暮の代表的な品]
調味料、ハム、干しシイタケ、鰹節、のり、缶詰め

お年玉

結婚して子どもを持つようになったら、一般的には親戚の子どもたちにお年玉をあげます

[金額の相場]
小学生から中学生…2千～5千円
高校生…5千～1万円

Chapter
1-3 嫁・姑間のおつき合い

人間関係のいざこざで、最もややこしく、難しいのが嫁姑関係。お互いにストレスのないよう、円満な関係を保つコツを伝授します。

よくある姑のタイプ

Type1

理屈抜きの“意地悪”姑

長年の夫婦関係で苦労があり、息子が選んだ妻に対しても心中は複雑。こういう姑は実は寂しい人が多いのです。主婦としてのキャリアが誇れるような得意種目を教えてもらって

Type2

意外! “だらしない”姑

部屋が散らかっていて、だらしないタイプ。外では立派なことを言っているものの、実際には行動が伴っていない分、気楽な面も。姑だけを個人攻撃しないように

Type3

細かく気づく“几帳面”姑

会社のお局のように、細かいところまで気づく、しっかり者。習慣や約束には強いけど、混乱やアクシデントに弱い人なので、極力約束だけは守りましょう

Type4

子離れできない“息子が命”姑

息子のことが常に気になり、息子のことを考えるのが趣味。そんな姑には、新しい趣味を探すお手伝いを。彼女が息子に代わる楽しみを見つけることで、あなたも楽しくラクになれます

姑との上手なつき合い方

Point1

生活スタイルが違うことを理解する

嫁姑間のいざこざは、両家の生活スタイルの違いによるものが多いでしょう。実家の母親のやり方と、姑のやり方は違っていて当然。自分の実家だけを基準にしないで、お互いの妥協点を見つけること

Point2

前向きに物事を考える

細かいところまで意見を言われても、自分が姑に憎まれたりしているわけではなく、単にお節介なだけだと考えましょう。相手は親切のつもりでしている行動かもしれませんので素直に聞き入れて

Point3

自分の物言いを振り返ることも大切

姑の言い方に腹が立ったら、自分の言い方がうまくなかったのだと思うように努力して。この時、嫌な顔は極力せず、話題を変えるなどして、その場の雰囲気をやり過ごしましょう

Point4

結局、気持ちは同じと思うこと

もしかしたら自分の存在は姑にとって、おもしろくないのかも、と思うこともあるでしょう。腹が立つのはお互いさまだと思うようにしましょう。よほど腹が立つことがあったら、夫（妻）に相談を

Chapter 1-4 孫と祖父母の関係を築く

孫がいるだけで、義父母の機嫌はよく、お互いの緊張がほぐれるものです。義父母と会う時に一緒に連れて行けば、その場が和むことは間違いありません。

孫の顔を見せるために帰省しましょう

盆や正月以外にも時々孫の顔を見せに行けば、お互いの距離がぐっと縮まります。電話で声を聞かせるだけでも、親孝行につながります

義父母への電話はまず子どもの声を聞かせて

義父母へ電話をする時は、最初に孫の声を聞かせてからにしましょう。孫の声を聞けば、自然と機嫌がよくなるもの。その後に話せば会話もスムーズにいくはず

Check!

甘すぎる祖父母こんな時どうする？

祖父母にとって、孫はかわいい存在。それだけに口出しをしてくることも多くなります。それに伴うちょっとした口出しや問題は大目に見てあげて。もちろん、行きすぎだと思った時は、一方的に責め立てるのではなく、依頼の形で話してみましょう。

Q

うちではご飯前には子どもにお菓子をあげないことにしているのですが、祖父母の家に行くと勝手に与えてしまいます。どうしたらいい？

A

程度にもよるものの、お菓子のことくらいは目をつぶっておいたほうがいい場合があります。1カ月の半分くらいを祖父母の家でご飯を食べているのだったら問題ですが、時々のことだったら、祖父母の特権だと思うので大目に見てあげましょう。

夫（妻）の実家では子どもの世話を任せて

祖父母にとって、孫は無条件にかわいいもの。面倒を見ることが嬉しい場合もあるので、ある程度、子どもの世話はお願いしてしまってもよいでしょう

子どもの前で義父母の悪口は禁止

子どもは意外にちゃんと大人の会話を聞いていて、言ってはいけない場で、その内容を話してしまうことがあります。子どもの前で義父母の悪口を言うことは、絶対にNG

子どものイベントには義父母も誘って

運動会や発表会など子どものイベントには、なるべく祖父母も誘いましょう。遠くに住んでいる場合は当日に子どもから電話で報告させ、後日写真やビデオを送ってあげても

Q

祖父母が、子どもにおもちゃをたくさん買ってくれます。好意は嬉しいけれど買い与えすぎなので困っています。

A

お菓子の問題と教育の問題の狭間になるのですが、小さなおもちゃくらいなら目をつぶりましょう。ただ、ゲーム類などは教育問題とかかわってくるので、「うちではゲームをさせず、外で遊ばせる方針なんです」などと、家の方針をきちんと伝えます。

Q

祖父母が子どもの将来について口出ししてきます。拒否してもよいものですか？

A

子どもの進学問題、将来のことは、夫婦でも揉めることがあるので、まずは夫婦でどうするか、意見をまとめておきましょう。そのうえで祖父母と意見の違いがあったら、「夫婦で決めたことですので」と伝えます。子どもの将来だけは祖父母の意見に左右されず、自分たちの方針をしっかりと伝えることが大事。

Chapter2

友人とのおつき合い

いつまでも大切にしたい頼れる存在

ともに楽しい思い出をたくさん作ってきた仲間は人生の財産。悩んでいる時、辛い時にも親身になってくれる大切にしたい存在です。そんな友人とのつき合いは、いつまでも良好に続けたいものです。

Chapter 2-1

相談する&される

相談する＆される行為は、親近感や信頼感がなければできないもの。お互いがその気持ちを尊重し合い、何を期待されているのか見極めましょう。

上手な聞き方

感情の高ぶりを抑え考えを整理したい

「聞いてくれてありがとう」という言葉が出たら、それ以上の詮索は避けましょう。聞くだけで相手にとっては助けになっています

親身になって話を聞いて共感してほしい!

「共感してほしい」という気持ちは、どんな相談ごとにも共通して言えること。まずは全面的に理解を示す姿勢で臨んで

何らかの具体的なアドバイスがほしい

相手はあなたに公正な判断を下してほしいわけではありません。どんなケースが考えられるか、探りたい場合があります。「私だったら…」と主観的に話してみましょう

励ましたり、叱ったり背中を押してほしい

相談する側はすでに結論が出ていて、あとひと押しがほしいだけのことも。自分の経験談などを交え、相手の自信を取り戻させて

Memo

秘密の相談をする&される時の注意点

1. 「あなただけに… 」と相手を限定する言葉は重荷なのでNG
2. 秘密を守れないなら聞いた事実をゴミ箱へ!
3. 親しい相手でも過去の秘密は詮索厳禁

相談される側

心得1 相手ときちんと向き合うこと

まずは真剣に話を聞くことが大切。"自分だったらどうするか" という視点でOK

心得2 結果がどうであれ背負いこまないこと

たとえいい結果にならなくても、その責任を背負い込まないようにする

心得3 "聞いてあげるだけ"も思いやり

場合によっては話を聞いてほしいだけのことも。適度な相づちと沈黙を保つことも必要

相談する側

心得1 感謝の気持ちを忘れずに

せっかく時間を取って話を聞いてくれたのですから、そのことへの感謝の気持ちを持つこと。意見が合わなくても腹を立てないように

心得2 相談内容によって相談相手を選ぶ

恋人や夫のことは彼のことを知らない人に相談するのがベター。相談に乗る人も、知らない人の話は相談に乗りやすいはず

心得3 相談した後の結果は報告すること

友人のアドバイスで事態が好転した時は、感謝の言葉と結果報告を忘れないこと

Chapter

2-2 友人に意見する時

ちょっとしたことがきっかけでケンカになってしまうこともあるでしょう。その時怒り心頭でも、相手に気持ちをぶつけたところでなんの問題解決にもなりません。肝心なのは問題を解決したいと訴える真摯な姿勢です。

意見を言う時の心得四カ条

感情的にならない

一方的に責め立てられては相手も聞く気になりません

お願いごとスタイルが吉！

「申し訳ないけど…お願いできる？」と、依頼する姿勢で望みましょう

解決したら引きずらない

問題が解決したら、お互い引きずらないように。しばらくはわだかまりがあるかもしれませんが、時間が解決してくれるはずです

原因を具体的に

困っている原因を具体的に。何に対してのクレームかを、はっきり伝えて

Check!

クレームを言う前に冷静になりましょう

友人であっても、ひょんなことから不快な思いをさせられたり、嫌な行動を取られたりすることがあるかもしれません。その場限りで関係を断ち切ってもいいという覚悟があるなら、言いたいことを言ってケンカ別れという手段もあるでしょう。ですが、この先もいい友人関係を築いていければ言うことはありませんよね。ここは、自分が少し大人になって、冷静に対応してみてはいかがでしょう。

第一声の前に深呼吸

逆上した気持ちを鎮めるため、まずはゆっくり深呼吸をして、今の状況などを冷静に考えてみましょう。お互い興奮状態では事態はよくなりません。

怒る場所にも配慮を

相手がどんなに悪かったとしても、クレームを言う状況や場所などには配慮しましょう。その問題が解決するかしないかを握る重要なポイントです。

怒りの対処法

“ちゃっかり”友人にはご用心!?

行動に抜け目がなく傍目には図々しく映る、ちょっとずるい友だちには、ひるむことなく「ＮＯ！」と伝えましょう。相手のちゃっかりが、あなたが積み重ねてきたキャリアや人脈の不和にも及びかねないので、用心しておくほうがいいでしょう

同じスタイルで返す

何かにつけ「～するべき」と発言する人は、自分が良しとしたものを受け入れるべきと思い込んでいます。そんな「べき子」には、自分も「べき美」になってみましょう。めげずに言い返していれば、「人それぞれの人生であるべきよ」と口を滑らせることになるはず

ムキになったほうが負け

すぐに親しい人のスタイルをマネする友人は意外に少なくないもの。マネにはある種の好意や憧れが含まれているもの。そう解釈すれば、いくらか腹立たしさも軽減されるはず

逆らわずに受け流す

自分のことばかり話す子どもっぽい性格の持ち主には、逆らわず適当に受け流すことが効果的。それでもダメなら、会う機会そのものを作らないようにしてもＯＫ。その都度ちゃんと理由を作ってやんわり断ることが大切

本題前のワンクッション

「私の誤解だったらごめんなさい」など、相手の気持ちを思いやるクッション言葉を挟むことで、強い主張もやわらかい印象になります。

語尾に気を使って

怒る際の言葉遣いでは語尾が肝心です。「約束を守ってもらえると助かるんだけど…」などと、命令形を使わないやわらかな表現を心がけましょう。

Chapter

2-3 心地よい距離感の取り方

人づき合いを無理なく続けるためには、あえて口出しをせずに相手を遠くからやさしく見守るというスタンスも大切です。そんな心地よい距離感の取り方を学びましょう。

揺るぎない友人関係を築きましょう

友人からのアドバイスが納得のいかない意見だった時でも、自分の意志を誠実に伝えれば、自立心のある人という好評価を得られることも。相手の意見を鵜呑みにして自分の考えを変えてしまうと、失敗した時に相手との関係がギクシャクしてしまう心配もあります。対等な関係が築ければ、長い月日がたっても「私たち腐れ縁かしら」と笑い合えることができるはずです

「お互いを必要としている」という気持ちは一緒

「あなたのためを思って…」と押しつけがましく近づいてくる人は、たいてい思い込みの強い人。本当の友だちであれば、あなたのことを思って当然。だからそんな当たり前のことは口に出さなくても、相通じるはず

・・・
あなたはこうするべきだと思うの!!

Column

好感を持たれる＋αの言葉と行動⑥

飲み会や食事会の幹事を引き受ける

飲み会や食事会を開催する場合、単に交流を深めるための会でもよいのですが、その会のテーマを決めても楽しいでしょう。参加メンバーから情報を収集してテーマを絞り、“鍋”、“焼肉”、“ひたすら飲む！” などテーマをいくつか提案すれば、それぞれの意向を反映した会になります。詳細を決定したら、開催日と場所をつめていきます。候補をある程度絞って参加者にリサーチし、後日、一番希望が多かった日と場所で決定します。あらかじめ会費を決める時は、少し高めに設定します。足りなかった時に追加で集めるよりも、返金するか、二次会に回したほうが好印象です。また、決めない場合は大体の予算を伝えておきましょう。

人間関係の原点を見つめ直しましょう

人づき合いは、それぞれに違う個性があるからこそ、おもしろみが生まれるもの。人間関係に窮屈さを覚えた時は、すぐに相手を切り捨てるのではなく、自分にも何らかの問題があると考え、一人で自分を振り返る時間を持つことも必要です

急速な接近には要注意!

急激に仲良くなった友人は多少の警戒をしつつ、相手をじっくり見極めることも大切です。中には関係が安定してきた瞬間、物を売りつけられたり、宗教やセミナーなどへの参加勧誘が始まったりというケースも

Memo

友人づき合いを楽しく続ける5カ条

1. つき合いには虫めがねだけでなく、遠めがねも必要
2. 放っておくほうが親切という場合も多い
3. 一人でいることをネガティブにとらえない
4. 欠点のない人はおもしろみに欠ける
5. すべての人から好かれることは不可能

Chapter3

異性とのおつき合い

行動を起こして出会いの可能性を広げよう

恋人や異性の友人がほしいけれど、なかなか出会いがない…、という方も多いでしょう。自ら合コンを主宰したり、友人から誘ってもらうなどして積極的に人脈の輪を広げてみては。

Chapter 3-1

成功する合コンのコツ

男女の出会いの場である合コンでは、各々の思いが錯綜し、マナー違反になってしまうことも。楽しみ方を間違えると相手に不快な思いをさせてしまったり、誤解される可能性もあるので、カジュアルな場でもマナーは守って、素敵な時間を過ごしましょう。

主導権はあくまで男性に

乾杯の音頭や自己紹介などは、男性側の幹事に任せましょう。また、自己紹介では特定の人に興味があったとしても、あからさまにその人だけ、しかもいきなり質問攻めにはしないように

連絡先交換はさりげなく

気に入った人とだけメールアドレスの交換をしたいのなら、みんなが盛り上がっている中で、こっそり交換しましょう。話題に出てきた店などを口実に、「わかったらメールするね」などとさりげなくアプローチするのも手

少々前のめりが有効的

男女とも合コンでは自分を見ているか、自分の話を聞いているかどうかを気にします。誰に対してもほほ笑みながら話を聞くことが大切ですが、もし気になる人がいたら、その人に対してだけは体をまっすぐに向けて、少し前のめりになって話を聞くといいでしょう

好感の持たれる服装と髪型で

合コンにおいて、ファーストインプレッションは重要です。ある程度きちんとした服装をし、髪もきれいに整えて。「男性には興味がありません。仕方なく参加しました」といったやる気のない普段着は、他のメンバーにも失礼にあたります

チームプレーが大切

自慢に聞こえないように、自分をアピールするのは難しいもの。そんな時はお互いにメンバーのいいところをさりげなく言ってあげましょう

バランスのいい人数がグッド

もし、あなたが幹事を任されたら社交的、控えめ、盛り上げ役など、個性の異なる、バランスの良いメンバーを集めましょう。人数は、3〜4名ずつがベスト。個々でも話しやすいうえ、みんなでも盛り上がれるちょうどいい人数です。また、相手のメンバーがまったくタイプではなかったとしてもポーカーフェイスがマナー

ルックスに自信ありタイプ　社交的なリーダータイプ　控えめタイプ

帰り際はスマートに

合コンの会費は、男女同額が当たり前。もし、女性だけ会費を安くしてもらったら「ありがとう」のひと言を忘れずに。二次会を断る時は、「家が遠いから」と言って、スマートに帰りましょう。帰り際のあっさりとした対応は、男女ともにその人の価値を高めます

Chapter
3-2 気になる人にアプローチ

“接近する、誘う”ということは相手に負担をかけるケースも多いと思っておいたほうが無難。いくら気になっても、相手が断れない状況に追い込むのは避けましょう。断る余地を残しておくことが大切です。

アプローチの掟

恋愛では焦りは禁物

「こんなに惹かれるわけが知りたい」という気持ちが動き出したら、それは間違いなく本物の恋愛。しかし、ここで焦りは禁物。「あなたのことが知りたい」と思ったら、まず手始めに「どんなことやモノが好きなのか」、「今、何に夢中になっているのか」など、相手が話しやすい内容から始めることです

アプローチ必勝法

- 最初から根掘り葉掘り詮索しない
- 断る余地を残しておく
- 「あなたのことが知りたいの」を会話で有効活用
- 謙虚で素直な気持ちを大切に
- あせりすぎは禁物

アプローチの順序

初級編

ホームパーティーにお誘い

気の合う仲間同士で楽しむパーティーは、さりげなく自分をアピールできるチャンス。ただし、なれなれしい誘い方はNG

○ **「もしよかったら、いらっしゃいませんか?」**

× **「暇だったら来てよ?」**

▼

中級編

レジャーにお誘い

女性から誘う場合、食事＋α なスポットへ。食事だけだと自ら「割りカンで」と言うわけにもいかないし、女性が最初のデートで「ここは私が…」と言うのも男性には複雑な心境です。1日、いろいろな場所を巡れば、その違和感も解消されるはず

○ **「ここは私が払うから、後でおごってね」**

× **「誘ったのは私だから、ここは払うわ」**

▼

上級編

おうちご飯にお誘い

2人の親密度が高まったところで挑戦したいのが、自宅への招待。前々から段取りを決めてしまうと逆に相手に気を使わせることになってしまいます。気軽に誘えるかどうかがポイント

○ **「散らかっているけど、よかったら今週末うちでご飯食べない?」**

× **「来月の○日に、うちにご飯食べに来てよ?」**

Memo

告白して断られてしまったら…

好意を抱いている人に思いを伝え、万が一、断られたとしても、その人のことを引きずらないように。また自分が断る場合は、「ごめんなさい」ではなく「ありがとう」から始めると相手に気を使わせません。ひとつの恋が終わったら、一人に戻る時間を作りましょう。相手も自分も責めないと決めれば回復も早いはず。ご無沙汰していた友人に会うなど、自然に“次の出会い”の扉を開けて。

Chapter
3-3 デートのマナー

カップルで楽しむデートは、すべてが共同作業。「盛り上げよう」とする気持ちに2人の温度差が生じなければ、ほぼ問題はないはずです。お互い最高に楽しいひと時を過ごしましょう。

待ち合わせを決める

待ち合わせ場所や時間は、相手の都合を優先させるのが基本。待ち合わせ場所は、遅刻してしまった場合を考え、待たせるほうも待つほうも気兼ねなく、なおかつわかりやすいよう本屋やCDショップ、カフェなどがおすすめ。遅刻はもってのほかですが、万が一、遅刻してしまった時は素直に謝りましょう

Step1

デートの前

洋服選び

出会って間もないデートでは、服装のテイストはどうであれ清潔感が肝心。服装のミスマッチが気になる場合は、事前に「どこに行くのか」、「何をするのか」といったデートの内容を相手に聞いておくと良いでしょう

Check!

恋人とのスマートな別れ方

別れはいかなる理由でも退き際を潔く、〝立つ鳥あとを濁さず〟が基本です。別れの原因はさまざまですが、お互いが納得したうえで、スマートに乗り切りたいものです。

顔を見て別れ話を

つきあいの長い短いに関係なく、恋人同士であったならメールや電話ではなく会って別れを告げること。たとえお互いにぎくしゃくした関係が続き、別れのムードが漂っていたにしても自然消滅はNG。つきあい始めと同じように、きちんと言葉で伝えましょう。

会った瞬間が肝心

別れ話はどちらかの家ではなく、喫茶店やレストランなど、外で告げると比較的スムーズにことが運びます。また、切り出しにくい別れは、その相手に会った瞬間から始まるもの。シリアスな空気を漂わせ、相手に心の準備をさせることが大切です。

Step2

デート中

聞き上手を心がけて

大好きな人とのデートでは、相手に「もっと話していたい」、「もっと一緒にいたい」と思わせることが大切。理想は、会話の割合が相手と自分で3：1くらいであること。「あなたのことがもっと知りたい」という姿勢で同調したり、共感しましょう

素直に甘えましょう

「おごるよ」と言われたら、遠慮しすぎるとかえって失礼に。また、支払ってもらう際は離れた場所にいるか、「お化粧室に行ってくる」と席を外すようにしましょう

会話が途切れたら

最初のうちは無言になると不安になるもの。まずは自分が話題を提供して、それでも会話が弾まなかったら「一緒にいると安心する」と言うだけでグッと距離は縮まるはず

今の素直な気持ちを言葉に

第一印象はとても大事。明るい笑顔で、会った瞬間に「今日はありがとう」と言えば、このデートを楽しみにしていた気持ちが相手に伝わり好印象です

Step3

デート後

また会いたくなる別れとは？

さよならをする時は、相手の目を見て、「今日はありがとう」、「今日は楽しかった」、「また会えるかな」など、素直な気持ちを伝えましょう。手を振る時は指先をそろえ手先だけで小さく上品に。相手が見えなくなるまで見送って

気持ちをはっきり伝える

「あなたとはこれ以上つき合えない」旨をはっきり伝えること。また、別れ話の最中に過去の出来事は持ち出さず、今の素直な気持ちだけを伝えます。たとえ捨て台詞をはかれても相手にしないこと。別れ話は、あくまで誠意ある態度で、感謝の意を伝えることが大切であることを心得ておきましょう。

気持ちが伝わる 年賀状・手紙の書き方

近年では手軽なメールでのやり取りが一般的になっていますが
年始のご挨拶やお礼状、季節のご挨拶など、今だからこそ
年賀状や手紙を活用してみては。その際、受け手が嬉しくなるようなものを。

年賀状

謹賀新年

旧年中は何かとお世話になり
ありがとうございました。
本年もよろしくお願いいたします。
この一年のご健康とお幸せを
お祈り申し上げます。

平成○年元旦

オーソドックスな年賀状

心を込めて 手書きを どこかに必ず入れて

定型印刷文面のみの年賀状はなんとも味気ないもの。近況報告や相手への気遣いの言葉など、どこかに手書きのコメントを入れれば相手に対する気持ちが伝わるはず

結びの言い回し

◎皆様のご健康とご多幸を
お祈りいたします

◎新しい年が素晴らしい年になりますよう、心からお祈り申し上げます

◎本年もなにとぞご指導賜りますよう、よろしくお願い申し上げます

◎ますますのご活躍を
お祈り申し上げます

目上の人に出す場合の賀詞の慣用句

◎謹賀新年

◎恭賀新年

◎謹んで年頭のご挨拶を申し上げます

◎謹んで新春をお祝い申し上げます

◎謹んで新春のお喜びを申し上げます

注意! 賀正、迎春、頌春、賀春などの2文字の賀詞には、相手に対する敬意が含まれていないため、目上の人には使わないほうがよいとされています

写真入り年賀状は もらう相手の気持ちを考えて

夫婦・子ども・動物などの写真入り年賀状。作る前にもらった人の気持ちをちょっと考えて。その写真を心待ちにしている人には嬉しいお知らせですが、そうでない人にはちょっと迷惑な場合も…

1月3日までに 届くように出しましょう

年賀状を1月3日までに届くようにするには、だいたいクリスマス前後までに投函します。上司や目上の人に対しては、宛名を手書きにし、印刷文面の場合にも必ず手書きのメッセージを添えて。また、出していない人から届いたらすぐに返礼を出しましょう

喪中欠礼のハガキは 12月中旬までに 出しましょう

喪中欠礼は遅くとも12月中旬までに出すように。寒中見舞いは、喪中で年賀状を出さなかった場合の年賀状代わりとして使います

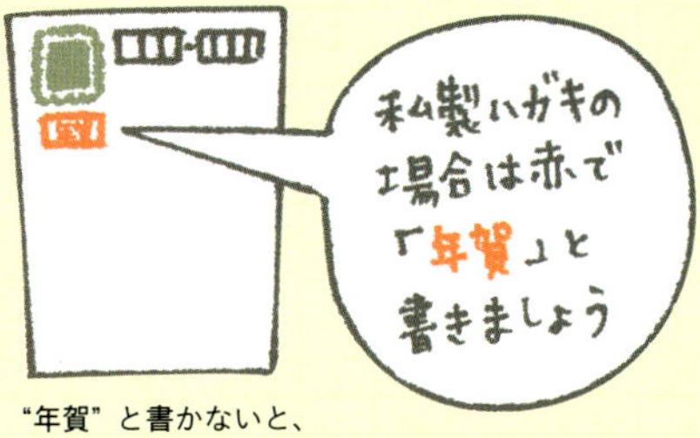
私製ハガキの場合は赤で「年賀」と書きましょう

“年賀”と書かないと、
12月中に配達
されてしまうので注意

寒中見舞いの ほうが心に残る場合も

年賀状のタイミングを逃してしまったら、少し時期を遅らせて、寒中見舞いにしてしまうという手も。そのほうが心に残る場合もあります

手紙

手紙の構成

手紙は大きく分けて前文、主文、末文、後付けで構成されています。流れは、普段、相手に会って別れるまでのおしゃべりと似ています。ふだんのおしゃべりを手紙のマナーに沿って丁寧に書き起こせば、とても上品なお便りになるでしょう

はがきと封書の使い分け

はがきは手紙を簡略化したもの。そのため、年長者に対してはいくら文章が短くても封書で出すのがマナーです。改まったお礼やお願いごとなどは、縦書きの便せんを使用し、封書で送りましょう。また、内容がプライバシーにかかわるものも封書で送るのが基本です

はがきでいいもの	封書がいいもの
◎お中元やお歳暮などの送り状	◎目上の人に出すお祝い・お礼状
◎親しい人へ出すお祝い状（結婚祝いは例外）	◎お見舞い状
◎親しい人に出す礼状	◎お悔やみ状
◎近況報告	◎お詫び状
◎季節の挨拶状	◎依頼・催促・抗議状

時候のあいさつ

1月（睦月）
・明けましておめでとうございます
・さわやかな新年をお迎えのことと思います
・年が明けて、厳しい寒さの中にも清々しさが感じられますね

2月（如月）
・少しずつ春めいてまいりました
・立春が過ぎても厳しい寒さが続きますね
・梅の便りが聞かれるころとなりました

3月（弥生）
・日差しのやわらかさに身も心も弾む気分です
・桃の節句を過ぎて日ごとに春めいてまいりました
・桜の開花が待ち遠しいですね

4月（卯月）
・花冷えの日が続きますね
・春風が心地よい季節となりました
・花の便りが各地から聞こえるころとなりました

5月（皐月）
・薫風さわやかな季節となりました
・青葉の緑もすがすがしいころとなりました
・澄み渡る青空が気分を晴れやかにしてくれます

6月（水無月）
・梅雨の季節となりました
・梅雨寒の日が続いておりますが…
・雨に洗われて、庭のあじさいが美しいですね

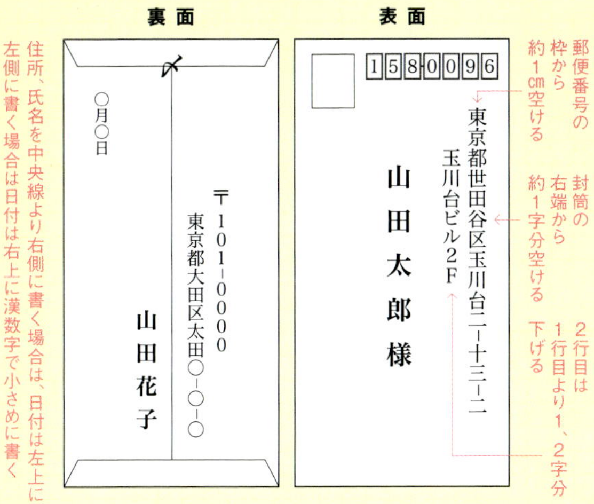
裏面
表面
住所、氏名を中央線より右側に書く場合は、日付は左上に、
左側に書く場合は日付は右上に漢数字で小さめに書く
○月○日
〒101-0000
東京都大田区太田○-○-○
山田花子
1580096
東京都世田谷区玉川台二-十三-二
玉川台ビル2F
山田太郎様
郵便番号の
枠から
約1cm空ける
封筒の
右端から
約1字分空ける
2行目は
1行目より1、2字分
下げる

宛名の書き方

手紙の顔である宛名を書く場合に気をつけたいのは、文字のバランスと丁寧さ。特に先方の名前の漢字が間違っていないかチェックしましょう。誰にとっても自分の名前は大切な宝物。黒または濃い青色のインクで読みやすく書きましょう

縦書き

宛先は封筒の1/3くらいのスペースに1～2行で、相手の名前は封筒の中央に住所より一角下げて書きます

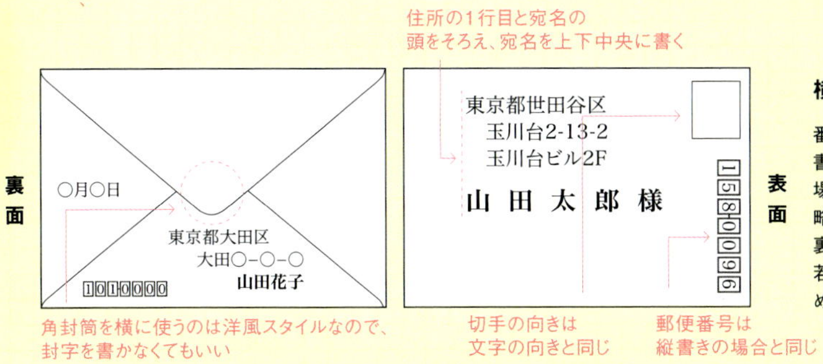
住所の1行目と宛名の
頭をそろえ、宛名を上下中央に書く
裏面
○月○日
東京都大田区
大田○-○-○
山田花子
1010000
東京都世田谷区
玉川台2-13-2
玉川台ビル2F
山田太郎様
1580096
表面
角封筒を横に使うのは洋風スタイルなので、
封字を書かなくてもいい
切手の向きは
文字の向きと同じ
郵便番号は
縦書きの場合と同じ

横書き

番地などは算用数字で書きます。横書きの場合、封字「α」は省略しても良いでしょう。裏面の氏名は住所より若干右にずらし、大きめに書きます

7月（文月）
・海開きの季節ですね
・日増しに日差しが夏らしくなってきましたね
・厳しい暑さが続いていますが、お元気ですか

8月（葉月）
・暑さがますます厳しくなっていますが、お元気ですか
・立秋とは名ばかりで、毎日暑い日が続いておりますが…
・熱帯夜が続いておりますが…

9月（長月）
・九月とはいえ、まだ残暑が続きますね
・虫の音に秋の訪れを感じるころとなりました
・さわやかな秋晴れの日が続いております

10月（神無月）
・いちょうの葉が日ごとに色づいてきました
・秋の実りがおいしい季節になりました
・味覚の秋、芸術の秋となりました

11月（霜月）
・朝晩の冷え込みが厳しくなってきました
・木枯らし1号が吹き、めっきり肌寒くなってまいりましたが…
・今年も鍋料理がおいしい季節になりました

12月（師走）
・師走になると寒さも身にしみますね
・今年もあとわずかですね
・暮れも押し迫り、あわただしくなってまいりましたが…

人に好かれる話し方

2011年6月10日　第一版第一刷発行

発行人　　　角 謙二
編集・構成　牛久保以子
発行・発売　株式会社枻（えい）出版社
　　　　　　〒158-0096 東京都世田谷区玉川台2-13-2
　　　　　　販売部 03-3708-5181
印刷・製本　大日本印刷株式会社

デザイン　　ピークス株式会社

ISBN978-4-7779-1943-7
定価はカバーに表示してあります。
万一、落丁・乱丁の場合は、お取り替え致します。

for tasty life
枻《えい》出版社